Oliver Ratajczak

FLURFUNK 3.0
Ihr Erfolgsgeheimnis
dauerhafter
Kundenbindung

Verbesserung von Projektmanagement,
Zusammenarbeit, Wissensmanagement & Motivation
mit Unternehmenswikis

Bibliografische Information der Deutschen Nationalbibliothek:
Die Deutsche Nationalbibliothek verzeichnet diese Publikation in der Deutschen Nationalbibliografie; detaillierte bibliografische Daten sind im Internet über www.dnb.de abrufbar.

Bildnachweis:
Seite 115

Umschlaggestaltung:
Agentur rundum GWK, Bochum

Lektorat:
Katja Wolf, Lüneburg

Herstellung und Verlag:
BoD – Books on Demand, Norderstedt

ISBN 978-3-7386-3988-9

Viel Spaß beim Lesen und vor allem
viel Erfolg beim Umsetzen der Praxis-Tipps... :-)

Inhaltsverzeichnis

Kapitel 1

Einleitung

Sie kommen morgens erfrischt zur Arbeit und werden dort mit einem freundlichen Lächeln auf den Lippen und einer persönlichen Anrede von der Dame an der Rezeption begrüßt. In Ihrem Büro loggen Sie sich als Erstes in Ihr Firmennetzwerk ein und finden dort zwei neue und sehr informative Artikel über ein neu gewonnenes Großprojekt und eine Anfrage eines neuen Interessenten, der gerne ein Angebot aus dem von Ihnen verantworteten Produktportfolio hätte. Bis zu dem einen Meeting am frühen Nachmittag haben Sie nun noch einige Stunden Zeit, um sich direkt an die Arbeit für dieses neue Angebot zu machen. Sie sehen, dass Frau Schneider bereits eine Angebotsvorlage erstellt und mit aktuellen und passenden Textbausteinen für Referenzen, Firmenvorstellung und AGB ergänzt hat. Sie gehen in Gedanken die Anfrage des Kunden durch und vergeben direkt Aufgabenhinsichtlich noch zu klärender Punkte an die Mitglieder Ihres Teams.

Ihre Teammitglieder machen sich direkt an die Bearbeitung der Teilaufgaben und ergänzen das Angebotsdokument selbständig.

Sie bereiten sich mit Hilfe der vorbereiteten Agenda auf Ihr Entscheidungsmeeting am Nachmittag und den dort aufgeführten Fragen vor und ergänzen eine Frage, die Ihnen beim Lesen der Unterlagen in den Kopf kommt.

Herr Kunze aus der Marketingabteilung hat auf Ihre Anmerkung im Intranet reagiert, dass Sie heute in der Mittagspause das neue italienische Restaurant am Marktplatz ausprobieren möchten. Er stellt sich kurz per Nachricht vor und erwähnt, dass auch er als Hobby die Zucht von seltenen Kakteen hat, genau wie Sie. Sie verbringen mit Herrn Kunze eine sehr informative Mittagspause, bei der Sie nicht nur einen neuen Tipp zur Kakteenpflege, sondern auch einige Spezifika aus dem Arbeitsgebiet Ihres Lunchpartners kennenlernen.

Sie begeben sich entspannt in den Meetingraum in dem bereits der Meetingleiter die Agenda am Beamer geöffnet hat. Nach dem pünktlichen Beginn des Meetings gehen Sie gemeinsam die im letzten Meeting vergebenen Aufgaben durch, fällen gemeinsam drei Entscheidungen, die Sie sofort in dem Agendadokument festhalten und verteilen einige Aufgaben an sich und die Teammitglieder inklusive eines jeweiligen Zieldatums.

Nach Ihrem Entscheidungsmeeting haben Ihre Teammitglieder bereits einen Großteil der von Ihnen am Morgen geplanten Aufgaben erledigt und die entsprechenden gesammelten Informationen in das Angebotsdokument eingefügt. Sie gehen das Angebot nun noch einmal durch, ergänzen die letzten offenen Punkte und geben das Angebot zum Versand durch Ihren Assistenten frei.

Mit dem guten Gefühl eines produktiven Arbeitstages schwingen Sie sich auf Ihr Rad und fahren entspannt nach Hause zu Ihrer Familie...

Es tut mir leid, dass ich Sie an dieser Stelle aus diesem schönen Tagtraum aufwecken muss! Verzeihen Sie, dass ich dieses Buch mit einer eventuell etwas zu schön gefärbten Idealvorstellung eines Arbeitstages begonnen habe. Leider sieht der Arbeitsalltag in vielen Unternehmen heute *etwas* anders aus. Oder was meinen Sie?

1.1 Vom Flurfunk zum "Flurfunk 3.0"

Wie würde Ihr idealer Arbeitstag in Ihrem Unternehmen aussehen, wenn Sie ihn vollkommen frei ohne Einflüsse von außen gestalten könnten? Nutzen Sie die folgenden Fragen, um einmal genauer darüber nachzudenken:

- Wie viele E-Mails bekommen Sie am Tag?
- Wie groß ist der Anteil der E-Mails, die wirklich werthaltige Informationen enthalten?
- Auf wie vielen E-Mails stehen Sie nur aus politischen Gründen oder zur Absicherung in CC?
- Wann hatten Sie zuletzt einmal wirklich Zeit, um sich auf ein Meeting vorzubereiten?
- Wann haben Sie zuletzt im Vorfeld eines Meetings eine Agenda mit den zu besprechenden Punkten und eine Auflistung aller offenen Fragen erhalten?
- Konnten Sie in Ihrem letzten Meeting Entscheidungen treffen, die unter den Augen aller Meetingteilnehmer festgehalten wurden? Haben Sie Aufgaben verteilt und diese jeweils mit einem Zieldatum versehen, auf das sich die Beteiligten direkt im Meeting geeinigt haben?
- Wie viele Meetings haben Sie eigentlich im Durchschnitt an einem Arbeitstag?
- Bleibt Ihnen an einem Arbeitstag zwischen den Meetings überhaupt Zeit zur Vorbereitung des Folgemeetings?
- Wann haben Sie zuletzt einmal Zeit gehabt, um in Ruhe über Ihr Unternehmen, Ihre Abteilung, Ihren Wettbewerb, die Weiterentwicklung Ihres Produktportfolios oder sogar den Kunden nachzudenken?
- Wissen Sie im Detail, wer Ihre potentiellen Kunden sind? Wie ist Ihre idealtypische Zielkundengruppe aufgebaut?
- Für wen genau entwickeln Sie Ihre Produkte? Möchten Sie damit die Probleme Ihrer Kunden lösen, oder nur schönere / bessere Produkte als Ihr Wettbewerber anbieten?
- Kennen Sie "Ihren" Kunden hauptsächlich aus den Statistiken, die Ihnen regelmäßig von der Marktforschungsab-

teilung zugesendet werden?

- Wer ist eigentlich genau Ihr Wettbewerb? Handelt es sich dabei um die Unternehmen, die in den Branchenbüchern neben Ihrem Eintrag stehen, oder können diese auch aus ganz anderen Branchen kommen?
- Was genau tun Sie und Ihr Team, um aus den Kunden Ihres Unternehmens Stammkunden zu machen? Wie tragen Sie persönlich zur Kundenbindung bei?

In der heutigen Arbeitswelt scheint oft einfach die Zeit zu fehlen, um sich dem wahren Existenzgrund vieler Unternehmen zu widmen: dem Kunden als "Geldgeber".

Hier nun einige Punkte, die dazu beitragen können, dass der Arbeitstag oft einfach zu kurz erscheint:

- zu viele Meetings, die direkt ineinander übergehen
- zu viele E-Mails
- intransparente Entscheidungen
- unterschiedliche Informationsstände
- Kommunikationsprobleme jeglicher Art

Kennen Sie dies? Wie sieht Ihr typischer Arbeitstag aus?

Wäre es nicht toll, wenn

- man viele der Kommunikationsprobleme, die man heute in vielen Unternehmen beobachten kann einfach beseitigen könnte?
- man die durch transparente, verbindliche und einfache Kommunikation gewonnene Arbeitszeit direkt im Rahmen einer produktiven Zusammenarbeit nutzen könnte, um Produkte zu entwickeln, die nicht nur die Probleme

der Kunden lösen, sondern auch Ihren Wettbewerb in seine Schranken weisen?

- die transparente unternehmensinterne Kommunikation direkt zur Verbesserung der Kundenprozesse beitragen würde, um so langfristig die Kundenbindung zu steigern?

Schauen wir uns im Folgenden einmal die Entwicklung der Kommunikation in Unternehmen etwas genauer an.

Jeder kennt den sogenannten Flurfunk. Die Art, wie sich Gerüchte innerhalb von Unternehmen manchmal wie ein Lauffeuer verbreiten. Schematisch ist diese Kommunikationsform in der folgenden Abbildung dargestellt.

Die Information wird hier, ähnlich wie beim Staffellauf, von einer Person zur nächsten weitergereicht. Sicherlich erfährt der Staffellauf dabei auch gelegentlich eine Unterbrechung, wenn ein Flurfunkender auf seine Frage "Hast du schon gehört, dass..." ein "Ja, bereits gestern." als Antwort erhält.

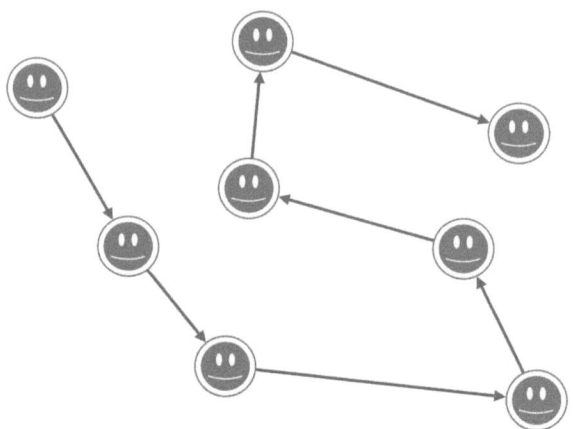

Dank des Flurfunks erfährt man beispielsweise hinter vorgehaltener Hand...

- ...welche Tendenz die Bilanzzahlen aufweisen, die erst in der kommenden Woche veröffentlicht werden.
- ...dass das bei der Mitarbeiterversammlung offiziell gestartete neue Webportal alles andere als fertig ist, sondern nur aufgrund von Abteilungszielen offiziell gelauncht wurde.
- ...was genau zwischen dem neuen Vorstand und der jungen Dame aus der Buchhaltung geschehen sein soll.

Die Inhalte von Gerüchten dieser Art können wahr oder erlogen sein, interessant oder weniger spannend. Was sie aber immer gemein haben, ist, dass man nie bzw. nur selten weiß, was wirklich dran ist an der jeweiligen Nachricht. Schade eigentlich...

Das Faszinierende am Flurfunk ist aber, dass sich diese Nachrichten rasend schnell im Unternehmen verbreiten, ohne dabei Rücksicht auf Hierarchie, Abteilungs- oder Unternehmensgrenzen zu nehmen.

Die nächste Entwicklungs- und Geschwindigkeitsstufe wurde durch den Flurfunk 2.0 erreicht, bei der sich die Flurfunkenden Mehrfachkommunikationsmöglichkeiten, wie E-Mail, Social-Media oder Instant Messaging Dienste bedienen. Schematisch ist dies in der folgenden Abbildung dargestellt:

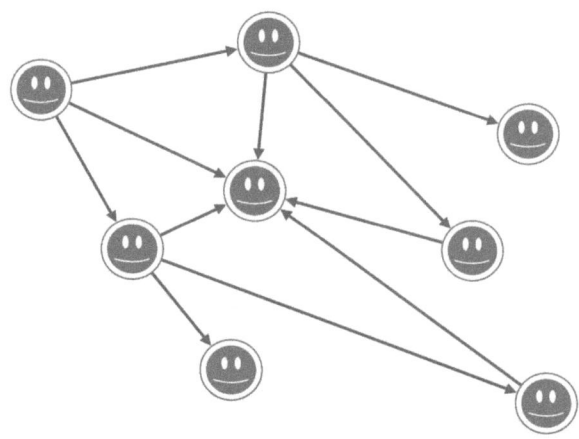

Hier wird die jeweilige Information ausgehend von einem Flur-funker gleich an mehrere Empfänger versendet. Wie im wahren Leben ist auch hier zu beobachten, dass es einerseits einige Personen im Unternehmen gibt, die nur sehr schwach in diesen Informationsfluss eingebunden sind. Andererseits gibt es immer diese Kommunikationszentren, die auf mehreren Verteilerlisten stehen und jede noch so kleine Neuigkeit immer aus mehreren Quellen erfahren. Doch auch wenn man so eine Neuigkeit aus mehreren Quellen erfährt, sagt dies leider noch nichts über deren Wahrheitsgehalt aus.

Wäre es nicht toll, wenn man die Geschwindigkeit des Flur-funks mit einer Verbindlichkeit und Glaubwürdigkeit bei relevanten Nachrichten kombinieren könnte?

Ich nenne dies den **Flurfunk 3.0.** Die folgende Abbildung zeigt schematisch die jeweiligen Informationsflüsse.

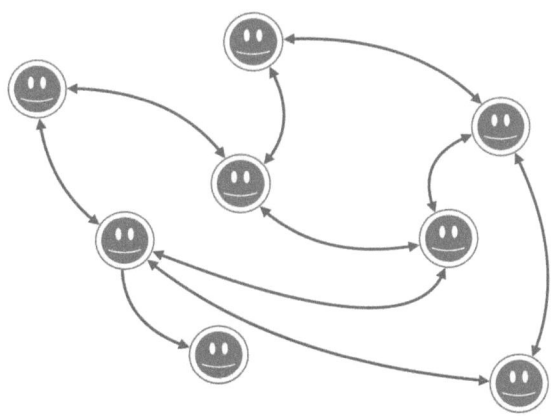

Die entscheidenden Unterschiede zwischen dem Flurfunk 3.0 und dem klassischen Flurfunk sind:

- Jede Kommunikation wird deutlich verbindlicher, da die Informationen transparent für jeden einseh- und nachvollziehbar kommuniziert werden.
- Die Beteiligten sind untereinander deutlich besser vernetzt.
- Jeder Sendende erwartet auch eine Rückmeldung auf seine Botschaft, das reine Senden von Informationen tritt in den Hintergrund.
- Die Kommunikation miteinander liegt im Fokus und verläuft hierarchie- und abteilungsübergreifend.

Bevor ich im Detail erläutere, warum und wie der Flurfunk 3.0 zur nachhaltigen Kundenbindung beitragen kann, werde ich zunächst auf die ökonomische Grundlage von Unternehmen im Allgemeinen eingehen.

Kapitel 2

Wie verdienen
Unternehmen ihr Geld?

Eine der Hauptaufgaben von Unternehmen ist es Produkte[1] und Dienstleistungen zu entwickeln, die dann an Kunden verkauft werden. Der so erzielte Umsatz trägt oft zur Verbesserung der existierenden Produkte, zum Ausbau des Marktanteils und zur Sicherung der Arbeitsplätze bei.

Die nachfolgende Abbildung beschreibt schematisch das Zusammenspiel von der Produktentwicklung bis hin zum Verkauf eines Produktes bzw. einer Dienstleistung.

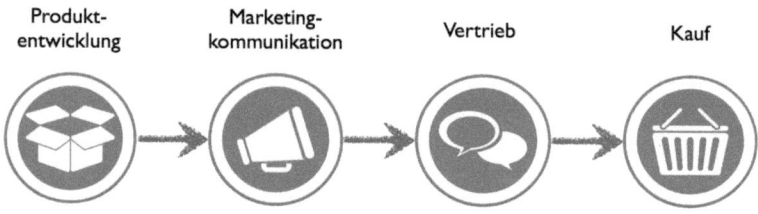

Diese Darstellung ist absichtlich sehr schematisch und linear, da es im Folgenden lediglich auf die prinzipiellen Zusammenhänge ankommt. Im wahren Leben findet durchaus auch ein Austausch in die gegenläufige Richtung, also z.B. vom Vertrieb in Richtung Marketingabteilung, statt.

Vereinfachend betrachtet entwickelt ein Unternehmen also ein Produkt in der Produktentwicklungsabteilung. Die Produkteigenschaften werden dann in der Marketingabteilung in schlagkräftige Argumente umgewandelt, die für den sofortigen Kauf dieses Produktes sprechen, bzw. ein erstes Interesse möglicher Interessenten wecken sollen. Gelingt es mit guter Marketingkommunikation tatsächliche Interessenten zu gewinnen, so werden diese an den Vertrieb, als Leads, weitergereicht. Die Aufgabe des Vertriebs besteht nun darin den Interessenten von den Produkteigenschaften zu überzeugen, ihn mit einem Nutzenversprechen zu begeistern und so zum abschließenden Kauf zu bewegen.

Wie bereits geschrieben, handelt es sich hier um eine sehr starke Vereinfachung, die aber in der Realität oft in Form der sogenannten Einmalkauf-Ökonomie (manchmal auch Einzelkauf-Ökonomie genannt), anzutreffen ist.

2.1 Die Einmalkauf-Ökonomie

Wer möchte nicht seinen gesamten Produktvorrat möglichst schnell an den Mann oder die Frau bringen? Dies trifft besonders dann zu, wenn es sich um schnell verderbliche Produkte handelt. Dabei sollte man nicht nur z.B. an frisches Gemüse denken, welches der Gemüsehändler möglichst schnell "umschlagen" muss, sondern z.b. auch an Sitzplätze in Flugzeugen, an Hotelbetten oder an die neue Modekollektion. Dass der Gemüsehändler seine Produkte zu Geld machen muss, bevor diese welk bzw. schlecht werden, ist verständlich. Doch auch der beste Vertrieb einer Fluggesellschaft wird es nicht schaffen einen Sitzplatz in einem Flugzeug zu verkaufen, wenn sich dieses bereits in der Luft befindet. Ähnlich geht es dem Hotelier, der sein Hotelzimmer nur in den wenigsten Fällen noch vermieten kann, wenn die Nacht bereits hereingebrochen ist. Die Schnelllebigkeit der Mode verlangt ebenfalls ein sehr zügiges Handeln und Verkaufen. Es ist also eigentlich kein Wunder, dass viele Branchen sich darauf ausrichten ihre Produkte schnellstmöglich an die Interessenten zu bringen. Ein typisches Kennzeichen für die Einmalkauf-Ökonomie ist jedoch, dass dabei häufig langfristige Aspekte einer nachhaltigen Kundenbindung vernachlässigt werden. Das einzige Ziel vieler Vertriebsaktivitäten ist dabei der Vertragsabschluss, der Verkauf und das Umwandeln eines Interessenten in einen Kunden. Sobald der Kunde unterschrieben hat, werden die Ressourcen des Vertriebs wieder in neue Verkaufsgespräche mit den nächsten Interessenten investiert. Eine mögliche Nachbetreuung des Kunden nach dem Kauf, z.B. im Rahmen eines Servicefalls, wird dabei gerne an sogenannte After-Sales- oder manchmal sogar an im Outsourcing betriebene Kundenservice-Abteilungen abgegeben.

Aus Kundensicht führt diese für die Einmalkauf-Ökonomie

typische Verhaltensweise häufig zu unschönen Brüchen in der Kundenkommunikation. So wird der Kunde vor Vertragsabschluss häufig hofiert und umschmeichelt, während er nach dem Kauf im Extremfall einfach ignoriert wird.

Der Fokus der Einmalkauf-Ökonomie liegt also darauf, durch geeignete Maßnahmen in der Marketingkommunikation dem Vertriebsteam in ausreichender Menge Interessenten zuzuführen.

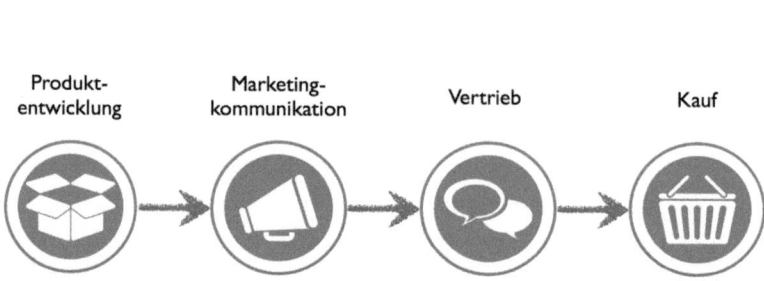

Die Maßnahmen zur Marketingkommunikation und zum Vertrieb der Produkte werden so lange hintereinander ausgeführt, bis
- das Produktlager leer ist,
- die Vertriebsziele erreicht sind oder
- das Marketingbudget erschöpft ist.

Ein Großteil der Investitionen fließt somit in Marketing- und Vertriebsmaßnahmen. Überlegungen, wie man einem Kunden aus dem Bestandskundenpool eventuell noch ein weiteres Produkt aus dem Produktportfolio verkaufen kann, werden hierbei selten angestellt. Häufig unterbleiben nicht nur Kundenbindungsmaßnahmen jeder Art, sondern auch der Aufbau einer gepflegten Kundenkartei bzw. Kundendatenbank wird oft vernachlässigt. Der

Interessent wird als eine unbegrenzt nachwachsende Ressource betrachtet.

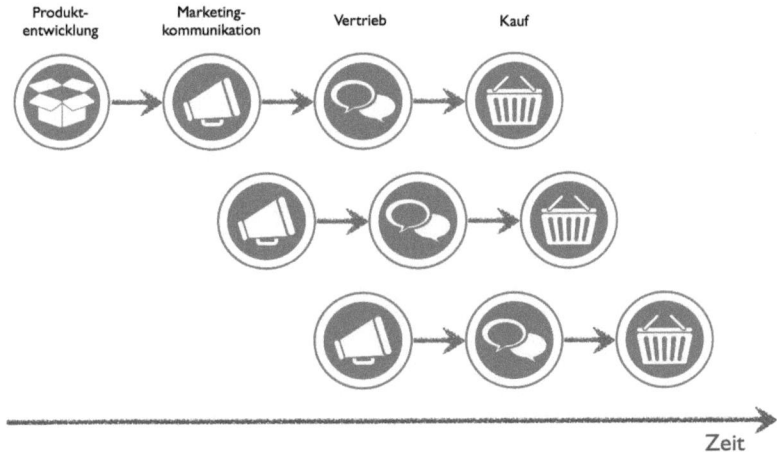

Ganz im Gegensatz zur sogenannten Stammkunden-Ökonomie, bei welcher der Fokus auf der langfristigen Kundenbindung liegt.

2.2 Die Stammkunden-Ökonomie

Die Stammkunden-Ökonomie widmet sich nicht nur dem einmaligen Verkauf, wie im vorangegangenen Kapitel beschrieben, sondern betrachtet sehr genau die dem Kauf nachgelagerten Schritte.

Meine Studenten frage ich gerne, ob sie sich an ein bestimmtes Produkt erinnern können, welches sie bereits beim Auspacken begeistert hat. Sehr oft wird dann mit glänzenden Augen das Smartphone einer recht bekannten amerikanischen Marke genannt. Wenn ich dann genauer nachfrage, erinnern sich die Studenten dann häufig noch genau an das Öffnen der Verpackung, über den ersten haptischen Kontakt mit dem Gerät bis hin zu Details der Inbetriebnahme. Die "Liebe" zu diesem Gerät geht dabei sogar oft so weit, dass mir versichert wird, dass man auf alle Fälle auch das neue Modell kaufen wird, obwohl man heute noch keinerlei Ahnung davon habe, welche besseren Eigenschaften das Nachfolgegerät im Detail haben wird. Der tägliche Umgang mit dem aktuellen Smartphone sorgt einfach für gewisse "Vorschusslorbeeren" und somit zu einer beeindruckenden Bindung zur Produktmarke. Ist Ihr Produkt gut und hat es das Potential Ihre Kunden zu begeistern, so wird das Produkt (und damit verbunden auch Ihre Marke) das Herz des Kunden erobern. Sollten Sie diesen Status einmal erreicht haben, so wird der Einsatz einer wohldosierten Marketingkommunikation eventuell zu einem erneuten Kauf führen. In der folgenden Detaildarstellung werden die dem Kauf nachfolgenden Schritte schematisch dargestellt.

Das Unendlichzeichen am Symbol für den Wiederkauf soll andeuten, dass der zum Stammkunden gewordene Kunde in einer idealen Welt immer wieder Ihre Produkte kaufen wird.

Im Märchen heißt es: "... und wenn sie nicht gestorben sind, so leben sie noch heute." Leider ist der Wunschtraum eines jeden

Unternehmers, Marketiers und Vertriebsmitarbeiters im wahren Leben nur sehr schwer, bzw. mit nicht zu unterschätzendem Aufwand zu erreichen.

Im Folgenden betrachten wir nun einmal den vollständigen Kundenlebenszyklus, wie man ihn in der Realität viel häufiger beobachten kann.

2.3 Der Kundenlebenszyklus im wahren Leben

In theoretischen Abhandlungen wird der Kundenlebenszyklus dem Namen entsprechend meist als ewiger Kreislauf dargestellt. Der Zyklus beginnt hierbei mit dem ersten Kontakt des Kunden mit dem Produkt bzw. der Marke, setzt sich über das Marketing und den Vertrieb bis zum Kauf fort, um dann in einem immer währenden Kreislauf von Wiederkauf zu Wiederkauf zu münden.

In vielen Kundenprojekten und auch im Rahmen von eigenen Unternehmensgründungen konnte ich feststellen, dass dieser Ansatz eher dem Märchen entspringt und häufig der Fokussierung der Marketing- und Vertriebsaufwände entgegenwirkt.

In meinen Beratungen beziehe ich aus diesem Grund explizit das Ende der Kundenbeziehung mit ein. Auch wenn das von mir gewählte Symbol ein tragisches Ende einer Kundenbeziehung andeutet, so ist dies eher der einfachen Symbolik geschuldet. Bedauerlicherweise wird in vielen Unternehmen das mögliche Ende einer Kundenbeziehung weder explizit beleuchtet, noch besonders behandelt.

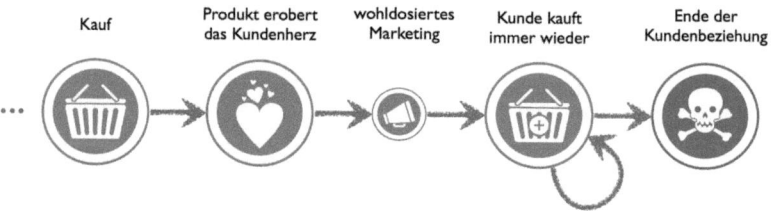

Zur Erklärung verwende ich häufig das Beispiel von Herrn Maier, der jedes Jahr im März für vier Nächte in einem Hotel in Berlin übernachtet. Dies tut er, da er Angehöriger der Touristik-Branche ist und die Anwesenheit in Berlin zum Besuch der ITB Berlin, der führenden Fachmesse der internationalen Tourismus-Wirtschaft, nutzt. Nach dem Renteneintritt von Herrn Maier wird er die ITB nicht mehr besuchen und verbringt viel lieber seine Zeit in seinem Ferienhaus auf Sylt. Welche Aufwände müsste der Berliner Hotelier nun betreiben, um Herrn Maier doch noch von einem Aufenthalt in seinem Hotel zu überzeugen? Ist dies überhaupt möglich? Oder wäre jeder Marketingaufwand eine falsche Investition?

Sicherlich ist es für einen Hotelier nicht unbedingt einfach das Renteneintrittsalter seiner Hotelgäste in Verbindung mit dem Besitz von Ferienhäusern zu korrelieren. Jedoch gibt es auch deutlich einfachere Beispiele: So macht es z.B. für einen Reiseveranstalter von Party-Busreisen nach Lloret de Mar wenig Sinn den nächsten Katalog an einen ehemaligen Teilnehmer zu versenden, wenn der aus dem Alter der Party-Busreisen "herausgewachsen" ist. Um die Kosten für den wahrscheinlich wirkungslos verpuffenden Katalogversand zu sparen, reicht die Kenntnis des Geburtsjahrgangs vollkommen aus.

Ich kann Ihnen deshalb nur empfehlen:

Berücksichtigen Sie bei Ihren Überlegungen immer den gesamten Kundenlebenszyklus beginnend mit der Produktentwicklung, über die Marketing- und Vertriebsmaßnahmen, den Verkauf, die Entwicklung zum Stammkunden, bis hin zum möglichen Ende der Kundenbeziehung:

Wichtig ist hierbei zu bedenken, dass das Ende einer Kundenbeziehung nicht das Ende der Geschäfte mit diesem Kunden sein muss. Falls Ihr Unternehmen seine Produkte mit Hilfe einer Mehrmarkenstrategie anbietet, so kann das Ende einer Kundenbeziehung für die Produkte einer speziellen Marke durchaus der Beginn einer fruchtbaren Geschäftsbeziehung mit den Produkten einer Ihrer anderen Marken sein.

Wenn sich eine Ihrer Kundengruppen weiterentwickelt, so dass die Produkte Ihrer Marke A die neuen Bedürfnisse nicht mehr decken können, so sollten Sie im Vorfeld die Kundenlebenszyklen mit Unterscheidung der einzelnen Marken ausführlich analysiert haben. Sie sollten eine gezielte Übergabe durch Empfehlung der Produkte der Marke B vorbereiten, bevor sich der Wettbewerb in eine gute Verhandlungsposition begeben kann.

Wie oft musste ich im Rahmen von Kundenworkshops zur Analyse der Kundenlebenszyklen feststellen, dass eine nicht konsequent durchdachte Mehrmarkenstrategie systematischen Kundenverlusten Tür und Tor öffnet.

Fokussieren Sie sich auf eine konsequente Umsetzung der Stammkunden-Ökonomie entlang des gesamten Kundenlebenszyklus. Denn im Gegensatz zur Einmalkauf-Ökonomie enden Ihre Umsatzchancen nicht mit dem ersten Kauf eines Kunden, sondern die unterschiedlichsten Ansätze zur Umsatzsteigerung beginnen erst an dieser Stelle.

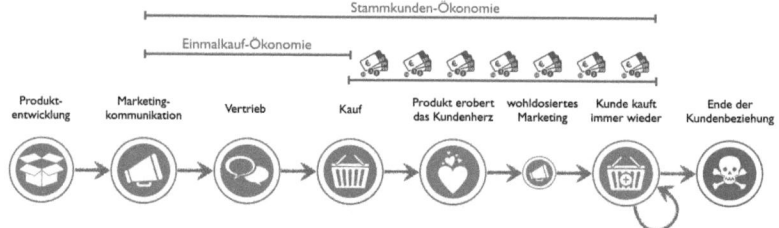

Außerdem: Aller Wahrscheinlichkeit nach sind Sie mit Ihren Produkten und Dienstleistungen nicht als Monopolist am Markt tätig, oder?

Kapitel 3

Das Dilemma: schlechte Kundenbindung

Viele Unternehmen führen auch heute noch viel zu selten bzw. unregelmäßig Analysen ihrer Kundenlebenszyklen durch und verschenken damit nachhaltig Potential zum Erhalt ihrer Kundenbasis und zur Steigerung der Kundenbindung. Im Rahmen vieler theoretischer Abhandlungen finde ich immer wieder unterschiedliche Ansätze zur Verbesserung der Kundenprozesse, die allerdings oft einen Parameter nur recht spärlich behandeln oder sogar ignorieren: Ihren real existierenden Wettbewerb!

3.1 Der "liebe" Wettbewerb

Neben der Optimierung Ihrer internen Prozesse und der Anpassung von Kommunikationsmaßnahmen in Richtung Ihrer Kunden sollten Sie ständig Ihren Wettbewerb im Auge behalten.

An jedem der Schritte, die Sie unternehmen um einen Interessenten zum Kunden zu machen und ihn dann zum Stammkunden weiterzuentwickeln, kann Ihnen Ihr Wettbewerb einen Strich durch die Rechnung machen. Im Zweifelsfall wirbt Ihr Wettbewerb Ihren potentiellen Neukunden ab, bevor Sie überhaupt eine Chance auf ein ordentliches Verkaufsgespräch hatten. In der nachfolgenden schematischen Darstellung ist der Wettbewerber in Form von verschiedenen Symbolen dargestellt.

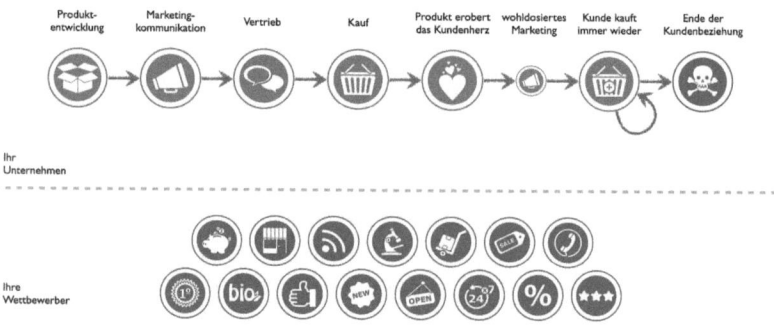

Diese Symbole können z.B. die folgende Bedeutung haben:
- Ihr Wettbewerber bietet neuerdings Sparpreise an und unterbietet marktübliche Konditionen.
- Ihr Wettbewerb eröffnet plötzlich eine Filiale ganz in der Nähe Ihres Ladenlokals, um möglicherweise "Ihre" Laufkundschaft anzusprechen.
- Vielleicht bietet Ihr Wettbewerber plötzlich kostenloses WLAN in seinem Geschäft an.

- Eventuell steigt Ihr Wettbewerb durch eine große Kooperation mit der lokalen Universität in die Grundlagenforschung aus Ihrem Produktumfeld ein.
- Ihr Wettbewerber trumpft neben kostenlosen Lieferungen plötzlich auch noch mit dauernden Sonderangeboten auf.
- Im Gegensatz zu Ihnen bietet er eine kostenlose Hotline an.
- Die Produkte Ihres Wettbewerbs werden plötzlich von Warentestern als Testsieger gekürt.
- Auf einmal tragen die Produkte Ihrer Wettbewerber eine Bio-Zertifizierung.
- Ihr Wettbewerb ist plötzlich ganz aktiv in diversen Social-Media-Kanälen und wird durch viele "Likes" weiterempfohlen.
- Der von Ihrer Branche seit Jahren befolgte und an der Leitmesse ausgerichtete Produktentwicklungszyklus von einem Jahr wird auf einmal von Ihrem Wettbewerb auf den Kopf gestellt, da er jetzt vierteljährlich neue Produktinnovationen vorstellt.
- Ihr Wettbewerb bietet in seinen Filialen auf einmal nicht nur längere Öffnungszeiten, sondern auch einen rund-um-die-Uhr-24-mal-7-Telefonsupport an.
- Plötzlich sehen Sie sich mit branchenunüblichen Rabattaktionen Ihres Wettbewerbes konfrontiert.
- Die Wettbewerbsprodukte sind auf einmal in Bewertungsportalen gelistet und erhalten dort oft die höchste Anzahl von möglichen "Sternchen".

Diese Liste ist bei Weitem nicht vollständig und lässt sich in Abhängigkeit von den Produkten und der jeweiligen Branche noch beliebig lang fortführen.

Deshalb:

Beobachten Sie Ihren Wettbewerb sehr sorgfältig und reagieren Sie im Falle von massiven Marktveränderungen möglichst schnell.

Machen Sie sich bewusst, dass Sie sehr schnell reagieren müssen, um einerseits mögliche Kundenverluste einzudämmen und andererseits das Weiterfunktionieren Ihrer internen Prozesse der täglichen Zusammenarbeit zu gewährleisten.

Jeder einzelne Schritt auf dem Entwicklungsweg eines Interessenten zum Kunden und dessen Weiterentwicklung zum Stammkunden bietet diverse Möglichkeiten um Fehler zu machen. Jeder dieser Fehler kann Ihre Kunden in die Arme des Wettbewerbs treiben. Die nachfolgende Skizze zeigt dies schematisch:

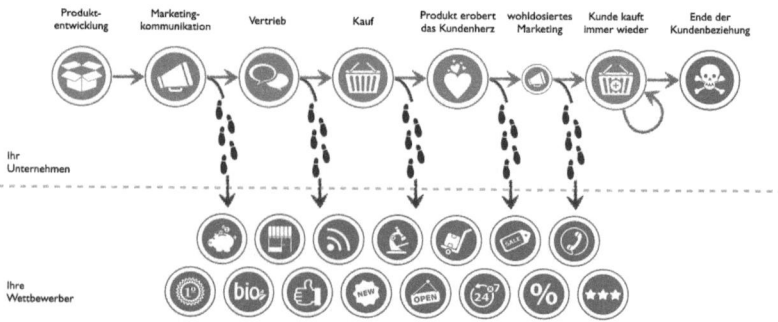

1) Ist Ihre Marketingkommunikation nicht so ansprechend wie die des Wettbewerbs, so haben Sie noch nicht einmal eine Chance Ihren Vertrieb mit genug Interessenten zu versorgen. Sie verlieren also Geld durch ineffizientes Marketing.

2) Sollte Ihr Vertrieb nicht den "Nerv" des Kunden treffen und z.B. an seinen Bedürfnissen vorbei argumentieren, so

kann es durchaus sein, dass sich der Interessent gleich auf den Weg zum Wettbewerb macht. Ihr Verlust ist hierbei im Vergleich zu Punkt 1) noch schlimmer: Sie haben bereits Geld in effektive Marketingmaßnahmen investiert, Ihr Vertrieb vertreibt aber ihre potentiellen Kunden.

3) Sie konnten Schritt 1) und 2) absolvieren und der Interessent wurde durch einen Kauf zum Käufer. Wenn Ihr Produkt aber nun die durch das Marketing und Ihren Vertrieb geweckten Erwartungen nicht einhalten kann, so kommt es zu verstimmten Kunden. Diese wählen eventuell beim nächsten Kauf eines ähnlichen Produkts gleich den Wettbewerb.

4) Eventuell gibt ein verstimmter Kunde Ihnen noch eine Chance und beschwert sich bei Ihnen. So haben Sie einerseits die Chance den Kunden wieder zufriedenzustellen (direktes Beschwerdemanagement) und andererseits auf Basis der Beschwerdegründe einen kontinuierlichen Verbesserungsprozess in Gang zu bringen (indirektes Beschwerdemanagement).

5) Sollten Sie es mit dem wohldosierten Marketing übertreiben und plötzlich jeden Tag ein neues Produkt per Newsletter bewerben, so seien Sie sich bewusst, dass es sich hier um einen der teuersten Verluste handelt, wenn der Kunde nun nicht mehr Ihr Kunde sein will. Denn schließlich haben Sie an den diversen vorhergehenden Schritten des Kundenlebenszyklus viel Aufwand und auch Geld in die Generierung eines Stammkunden investiert.

3.2 Kundenprozesse aus Kundensicht

Wenn es zum Stottern interner Prozesse kommt, so führt dies oft zu Wartezeiten bis hin zur Verärgerung des Kunden. Aber wer ist eigentlich für den Kunden "verantwortlich"? Wer genau im Unternehmen ist derjenige, der dafür sorgt, dass der Kunde mit dem Unternehmen und seinen Produkten und Dienstleistungen glücklich ist:

- Die Produktentwicklung?
- Das Marketing?
- Die Vertriebsmitarbeiter?
- Die Mitarbeiter in der Bestellannahme?
- Der Kundenservice im After-Sales-Bereich?
- Oder etwa alle zusammen?

In der Vergangenheit habe ich schon oft feststellen müssen, dass es diesen einen übergreifenden "Kundenverantwortlichen" nur sehr selten gibt. Immer öfter wird der Kunde beim Durchlaufen des Kundenlebenszyklus von einem Bereich bzw. einem Silo zum anderen weitergereicht, wenn er zum Erreichen der jeweiligen Bereichsziele nicht mehr notwendig ist.

Betrachten wir dazu die folgende Abbildung:

In den Zielen von Marketingverantwortlichen ist gelegentlich die Kennzahl "Anzahl generierter Interessenten (Leads)" zu finden. Dies bedeutet, dass das persönliche Einkommen des Marketing-

leiters von der Anzahl der generierten Interessenten abhängen kann, die dann an den Vertrieb übergeben werden. Wie bei Kennzahlen leider sehr oft üblich, wird die Zieldefinition nur selten an die folgende Kennzahl geknüpft:
"Die Qualität (der Interessenten)".

Jeder, der sich in den letzten Jahren mit Online-Marketing-Techniken auseinandergesetzt hat, weiß, wie einfach es sein kann "irgendwelche" Interessenten zu generieren.

Die möglicherweise schlechte Qualität der Interessenten ist aber die Basis der Arbeit des Vertriebs. Wenn es dem Vertrieb nicht gelingt sein Ziel "Abschlussquote" zu erfüllen, so hat dies direkten Einfluss auf seinen Geldbeutel, da ihm dann der variable Anteil seines Gehalts nicht oder nur in Teilen gewährt wird.

Aber wer ist daran schuld, wenn aus dem vorhandenen Pool an Interessenten nicht genügend Käufer "entstehen"? Der schlechte Vertrieb oder die schlechte Qualität der zugelieferten Interessenten und damit die Marketingabteilung?

Wie sieht es mit den Zielen der Kundenservice-Abteilungen aus? Mit welchen Zielen werden die Call-Center gesteuert: Im Erstkontakt beendete Gespräche pro Zeiteinheit? Möglichst kurze Dauer der Kundengespräche?

Wer treibt die Kosten in den Call-Centern nach oben? Call-Center-Agenten, die gerne mal ein wenig mit den Kunden plaudern? Schlechte Produkte, die zu massiven Beschwerden im Kundenservice führen? Schlecht ineinander greifende Prozessschritte bis zum Verkauf der Produkte, die zu häufigen Nachfragen der Kunden führen?

Oder ist es eine Mischung aus allen Ansatzpunkten?

Geht es überhaupt um Schuldzuweisungen innerhalb des eigenen Unternehmens?

3.3 Wie alles zusammenhängt

Ich denke nicht, dass uns Schuldzuweisungen innerhalb des eigenen Unternehmens irgendwie weiterbringen. Man muss aber schon wissen, wo Probleme entstehen, damit man etwas dagegen tun oder sie im Idealfall sogar vermeiden kann. Hier noch einmal ein paar Eckpunkte aus den vergangenen Kapiteln:

- Unternehmen existieren, um Produkte zu entwickeln, die sie an ihre Kunden verkaufen.
- Der erzielte Umsatz sollte zur Verbesserung der existierenden Produkte, zum Ausbau des Marktanteils und zur Sicherung der Arbeitsplätze beitragen.
- Es macht keinen Sinn den Kunden als unbegrenzt nachwachsenden Rohstoff zu betrachten.
- Sinnvoller ist es, jeden einzelnen Kunden langfristig vom Interessenten zum Kunden und vom Kunden zum Stammkunden zu entwickeln.
- Schuldzuweisungen innerhalb des Unternehmens zwischen Tochterunternehmen, Bereichen, Abteilungen und Teams sind nicht zielführend und tragen nicht zur Problemvermeidung oder -lösung bei.

Setzen Sie die Kundenbrille auf und stellen Sie sich bei jedem einzelnen Prozessschritt die folgenden Fragen:

- Welchen Mehrwert für den Kunden erzielen wir, wenn wir diesen Schritt genau so umsetzen, wie wir es aktuell tun?

- Erzeugen wir auf Kundenseite durch diesen Prozessschritt irgendeinen Vorteil?
- Oder geht eine mögliche interne Vereinfachung direkt zu Lasten des Kunden?
- Führt eine mögliche Vereinfachung eines Prozessschrittes nur zu Vorteilen einer Abteilung, die dann zu Lasten einer anderen Abteilung gehen?
- Ihnen ist wahrscheinlich klar, wie jeder Schritt des Verkaufs- oder Supportprozesses ineinander greift. Aber ist es dem Kunden ebenso klar? Wird er immer zeitnah informiert, oder kann er den Eindruck gewinnen, dass sich auf Ihrer Seite nichts tut?

In den letzten Jahren habe ich in vielen Projekten zur Optimierung von Kundenprozessen festgestellt, dass sich viele Gründe, die zu einer Verärgerung des Kunden führen, auf die folgenden Faktoren zurückführen lassen:

- Interne Abteilungen agieren gelegentlich gegeneinander, da im Extremfall sogar die Abteilungsziele gegenläufige Tendenzen haben.
- Einige Zielvorgaben errichten Mauern zwischen einzelnen Abteilungen und führen so zu einer Silobildung.
- Die Kundenprozesse sollten eigentlich reibungslos die einzelnen Abteilungen durchlaufen, geraten aber immer wieder an den Schnittstellen bzw. den Abteilungsgrenzen ins Stocken.

Was ist aber nun der Schlüssel zur Verbesserung aller Kundenprozesse und damit zur Stärkung der Kundenbindung?

Kapitel 4

Ihr Erfolgsgeheimnis dauerhafter Kundenbindung

Meiner Erfahrung nach gibt es zwei Gründe dafür, dass es an den Schnittstellen zwischen Abteilungsgrenzen oft zu Prozessbrüchen, Missverständnissen und "unrunden" Abläufen kommt:

- unzureichende Zusammenarbeit[2]
- fehlende oder schlechte Miteinander-Kommunikation

Bevor ich auf diese beiden Gründe im Detail eingehe, möchte ich kurz ein paar Worte zu den sogenannten Partikularinteressen, also den persönlichen Interessen Einzelner, verlieren: Hier ist den Beteiligten häufig der Rock näher als das Hemd. Dies bedeutet, dass im Zweifelsfall eher an die Erreichung der eigenen persönlichen Ziele gedacht wird, als an das Wohl des ganzen Unternehmens. In mehreren Gesprächen mit Bereichsleitern und Abteilungsleitern habe ich Sätze wie die folgenden gehört:

"Ja, ich weiß, dass diese Entscheidung nicht unbedingt für das Unternehmen sinnvoll ist, aber die Jahresziele meiner Abteilung sind anders nicht zu erreichen. Da ich davon ausgehe, dass die Jahresziele nach mir nicht bekannten langfristigen Strategien vergeben werden, diene ich dem Unternehmen als Ganzes am besten, wenn ich die mir aufgetragenen Ziele erreiche."

Diese Erklärung hört sich ja auf den ersten Blick auch plausibel und nachvollziehbar an, hat aber einen entscheidenden Haken. Was ist, wenn die Jahresziele der einzelnen Bereiche und Abteilungen nicht perfekt ineinander greifen, um alle zu 100 % auf das strategische Ziel des gesamten Unternehmens einzuzahlen? Ist dieser Gedanke abwegig? Leider nein, denn häufig passiert Folgendes:

- Ziele werden unterjährig noch angepasst, weil ein Fehler bei der Zielvergabe durch Verrutschen in einer Tabelle oder durch Copy & Paste-Fehler geschehen war.
- Ziele werden nicht angepasst, da dies zu einem enormen Verwaltungsaufwand führt. Stattdessen wird der Zielerreichungsgrad "kreativ" ermittelt, um die Zielerreichung trotzdem sicherzustellen.

Stellen Sie sich einmal die folgenden Fragen und beantworten Sie diese in Bezug auf Ihr Unternehmen:

- Wenn es also tatsächlich in der freien Wildbahn vorkommt, dass bei der Vergabe von Jahreszielen Fehler gemacht werden, wie kann man dann sicherstellen, dass man immer zum Wohle des Unternehmens handelt?

- Vielleicht arbeiten die Mitarbeiter der Abteilung XYZ gar nicht immer gegen die Mitarbeiter der Abteilung ABC weil sie böse sind und den Mitarbeitern der Abteilung ABC Ihren Jahresbonus nicht gönnen. Vielleicht handeln sie nur ganz einfach auf Basis einer falschen oder nicht genau genug formulierten Zielvorgabe.

Gegen Mitarbeiter, die von Partikularinteressen gesteuert werden, können Sie wahrscheinlich nicht viel ausrichten. Es sei denn, Sie sorgen immer für eine für alle Seiten nachvollziehbare Kommunikation und einen gleichmäßigen Informationsstand aller Beteiligten.

4.1 Verbesserung der Zusammenarbeit

Genau an dieser Stelle möchte ich auf den ersten Grund für nicht rund laufende interne Prozesse eingehen, die zu unschönen Effekten beim Endkunden führen können: **unzureichende Zusammenarbeit**.

Nach meinen Beobachtungen findet in Unternehmen viel zu selten gute und abteilungsübergreifende Zusammenarbeit statt. Es werden zwar Off-Site-Meetings durchgeführt und regelmäßige Jour-Fixe abgehalten - aber führt dies wirklich immer zu einer effektiven Zusammenarbeit bei welcher eine Partei einer anderen Partei zuhört und deren Gedanken nachvollzieht, um dann gemeinsam Lösungen zu erarbeiten?

Stellen Sie sich doch einmal die folgenden Fragen in Bezug auf

Ihr Unternehmen.

Warum ist das so, dass viel zu selten wirklich gute, unkomplizierte und zielführende Zusammenarbeit zwischen Abteilungen stattfindet:

- Liegt es an den "natürlichen" Abteilungsgrenzen?
- Liegt es an den Partikularinteressen einzelner Abteilungs- oder Bereichsleiter, die unabhängig von jeder Marktentwicklung um jeden Preis ihren Status erhalten möchten?
- Liegt es an technischer Infrastruktur, welche die Dokumentenablage auf getrennten Laufwerken pro Abteilung vorsieht?
- Liegt es an den täglichen E-Mail-Fluten, die unsere E-Mail-Postfächer verstopfen, so dass man es an einem normalen Arbeitstag, selbst ohne Meeting, kaum schaffen könnte die Inhalte alle im Detail zu verstehen, mit den entsprechenden Mitarbeitern abzustimmen und auch noch detailliert und granular zu beantworten?
- Liegt es an mangelnder Zeit?

Ich denke, dass es oft eine Kombination aus allen vorgenannten Gründen ist. Werfen wir mal einen Blick auf die Haupttreiber der schlechten Kommunikation:

Ich bekomme zu viele E-Mails am Tag
Seien Sie einmal ehrlich: Wie viele E-Mails bekommen Sie täglich? Wie viele davon enthalten werthaltige Informationen, die Ihnen oder Ihrem Team bei der täglichen Arbeit helfen? Auf wie vielen E-Mails wurden Sie nur in Kopie (CC) gesetzt, um dem wirklichen Empfänger der Nachricht zu signalisieren, dass Sie persönlich dahinter stehen? In wie vielen sind Sie nur ein Emp-

fänger von Vielen, da der Absender die Verantwortung auf möglichst viele Schultern verteilen möchte? Werden bei Ihnen die Verteiler im Laufe einer per E-Mail geführten Diskussion von E-Mail-Runde zu E-Mail-Runde auch immer größer?

Ich finde die letzte Version des Konzepts gerade nicht
Wo liegt die aktuelle Version des Konzepts: Auf einem Abteilungslaufwerk? Auf meinem persönlichen Laufwerk? In einer Mailbox eines Kollegen, dem ich den letzten Stand dieses Konzepts zugesendet habe? Müsste die Datei dann nicht noch in meinem Gesendet-Ordner in Kopie liegen? Hat die automatische Archivierung bereits zugeschlagen und ich kann die E-Mail zwar sehen, aber die Anhänge sind archiviert und nur noch schwer zu erreichen?

Wir müssen dieses Meeting nun abbrechen, ich habe einen Anschlusstermin
In vielen Unternehmen wird für jedes Brainstorming, jede Abstimmungsrunde und jede Entscheidung ein Meeting mit allen entscheidungsrelevanten Personen einberufen. Häufig geschieht dies indem im gemeinsamen Kalenderserver nach einer geeigneten Lücke gesucht wird. Das Meeting wird genau in diese Lücke gelegt. Langfristig führt dies dazu, dass die Mitarbeiter keine Zeit mehr außerhalb von Meetings haben, um ihrer "normalen Arbeit" nachzugehen. Als Ausweg wählen dann viele die Möglichkeit sich Terminblocker in den Kalender einzutragen, die dann verhindern, dass an diese Stelle andere Meetings terminiert werden. Leider führen die Terminblocker dazu, dass es auch für wirklich wichtige Entscheidungsmeetings sehr schwierig wird, einen kurzfristigen Termin zu finden.

Dies sind typische Fragestellungen und Probleme mit denen sich sehr viele Menschen während des Büroalltags herumschlagen müssen. Eine Kombination aus zu vielen E-Mails, zu vielen Meetings und unzureichender Dateiverwaltung führt langfristig zu unschönen Effekten, wie:

- Die Mitarbeiter fühlen sich ständig gehetzt, da sich das Postfach unaufhörlich füllt und kaum abgearbeitet werden kann.
- Es fehlt einfach Zeit, um ein Konzept mal von A bis Z zu durchdenken.
- Zeit, welche durch die Suche nach Dateien oder Informationen verloren geht, fehlt an anderer Stelle.
- Eine unzureichende Meetingkultur führt dazu, dass z.B. eine abteilungsübergreifende Zusammenarbeit immer in meetingkonforme 30- oder 60-Minuten Päckchen aufgeteilt werden muss. Dies führt langfristig aufgrund des immer wieder anfallenden neuen Hineindenkens in ein Thema zu enormen Aufwänden (sog. Rüstkosten).

Erinnern wir uns noch einmal an die vorangegangenen Kapitel. Rufen wir uns nun ins Gedächtnis, dass die Zusammenarbeit in Unternehmen ja keinem Selbstzweck folgt, sondern "lediglich" dazu dienen sollte dem Kunden und dem Verkauf der eignen Produkte zu dienen. Aufgrund der oben genannten Punkte fehlt also im Tagesgeschäft häufig einfach die Zeit sich wirklich mit dem Kunden und seinen Bedürfnissen auseinanderzusetzen.

Wäre es nicht toll, wenn man im Arbeitsalltag weniger Zeit mit E-Mails, Meetings und der Dateiorganisation verbringen könnte?

4.2 Förderung der "Miteinander-Kommunikation"

Aus Kundensicht werden viele Abstimmungsprobleme an den Schnittstellen zwischen Zuständigkeitsbereichen bzw. Abteilungen durch nicht perfekt laufende Kundenprozesse sichtbar. Viele Kunden haben kein Verständnis für firmeninterne Strukturen und Kommunikationsschwierigkeiten zwischen Abteilungen. Sie sind lediglich daran interessiert das angebotene Produkt möglichst unkompliziert kaufen und nutzen zu können. Sollte ein Problem auftreten, möchten die Kunden, dass es möglichst schnell aus der Welt geschafft wird. Die Mitarbeiter, die sozusagen hauptberuflich Kundenprobleme aus der Welt schaffen, arbeiten in den Beschwerdemanagementabteilungen. Es ist aber alles andere als effizient, wenn alle Kommunikations- und Abstimmungsprobleme zwischen einzelnen Abteilungen am Ende der Kette in den Abteilungen für Kundenservice und Beschwerdemanagement ausgebügelt werden müssen. Viel sinnvoller ist es, wenn alle Beteiligten immer das gesamte Bild der einzelnen Kundenprozesse vor Augen haben und gemeinsam versuchen einen möglichst reibungslosen Ablauf und ein fehlerfreies Zusammenspiel einzelner Komponenten zu gewährleisten. Denn genau dieses reibungslose Zusammenspiel der einzelnen Prozessschritte in den Kundenprozessen führt langfristig zu einer Erhöhung der Kundenbindung.

Was genau ist nun die Art der Kommunikation, die verbessert werden soll? Wer ist für diese Art der Kommunikation im Unternehmen überhaupt verantwortlich? Ist es die Abteilung, die häufig Unternehmenskommunikation genannt wird und sich z.B. mit der Öffentlichkeitsarbeit und der internen Kommunikation beschäftigt? Die vorgenannten Arten der Kommunikation sind nicht die Kommunikationsformen, die ich meine, wenn ich von

Kommunikation zwischen den Mitarbeitern spreche. Zur besseren Abgrenzung nenne ich diese Art der Kommunikation im Folgenden: die "Miteinander-Kommunikation".

Dies soll die folgende Abbildung verdeutlichen, die schematisch einen Kundenlebenszyklus zeigt, dessen einzelne Bestandteile durch eine übergreifende Kommunikation (gestrichelter Kasten) verbunden werden.

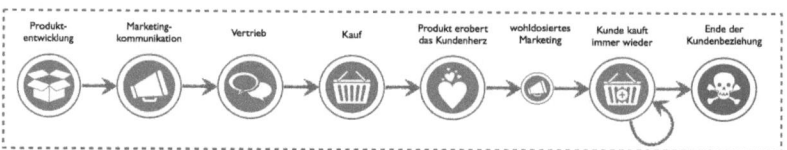

Was ist aber nun das Zielbild, das uns aus diesem Dilemma aus unzureichender Kommunikation und Zusammenarbeit befreit und gleichzeitig die Kundenbindung verbessert? Wie können wir dafür sorgen, dass alle Kundenprozesse möglichst reibungslos ablaufen und alle prozessinternen Schnittstellen zwischen Abteilungen tadellos funktionieren?

Die Lösung erscheint auf den ersten Blick recht einfach. Man muss nur die folgenden Punkte gewährleisten:

- Die E-Mail-Flut sollte durch Reduktion auf wirklich wichtige E-Mails eingedämmt werden.
- Meetings sollten auf wirklich wichtige Entscheidungsmeetings reduziert werden.
- Die Mitarbeiter müssen über Zeiträume verfügen, an denen sie, alleine oder gemeinsam mit den Kollegen, ein Thema, ein Konzept oder eine Idee von A bis Z durchdenken können. Dies ist selten in 30- bis 60-Minuten-Paketen

möglich.

- Die Effizienz in der Zusammenarbeit sollte nicht durch das Versenden, Suchen und Abgleichen von verschiedenen Dateiversionen verschlechtert werden.
- Alle Mitarbeiter sollten eine bestmögliche Transparenz über alle relevanten Informationen haben. Das Senden und Empfangen von wichtigen Informationen muss möglichst einfach und barrierefrei gestaltet werden.
- Jeder sollte Spaß an seiner Arbeit haben.

Nachdem Sie die obige Aufstellung gelesen haben, fragen Sie sich wahrscheinlich, ob ich gerade wirklich geschrieben habe, dass dies die Schlüssel zur Verbesserung der Kundenbindung sind. Ja, Sie haben richtig gelesen. Erfahrungsgemäß hat die Verbesserung der oben stehenden Punkte einen deutlichen Einfluss auf die Kundenbindung. Kurz zusammengefasst kann man also Folgendes sagen:

Je besser die Mitarbeiter abteilungsübergreifend zusammenarbeiten und miteinander kommunizieren, umso reibungsloser laufen die Kundenprozesse ab. Je erwartungskonformer und fehlerfreier diese Prozesse zwischen Unternehmen und Kunden ablaufen, desto wohler fühlen sich die Kunden mit dem Unternehmen, der damit verbundenen Marke und den angebotenen Produkten.

Oder kurz: **Je besser der Flurfunk 3.0, also die Kombination aus Miteinander-Kommunikation und Zusammenarbeit, desto höher kann die nachhaltige Kundenbindung sein.**

Ja, dies hört sich sicherlich alles ganz logisch an, ist aber eher ein theoretisches Denkmodell, oder?

NEIN!

Kapitel 5

Ihr Werkzeug für den Flurfunk 3.0

Die vorangegangenen Kapitel zur Verbesserung der Miteinander-Kommunikation und der Zusammenarbeit sind keine theoretische Abhandlung über Arbeitsmöglichkeiten der Zukunft.

Unbestritten ist, dass die Entlastung von nicht sinnstiftenden Arbeiten, wie E-Mail-Bearbeitung, Meetings ohne Ergebnis und Organisation von Dateiversionen, nicht sinnvoll ist. Weiterhin ist jede Verbesserung der abteilungs- und hierarchieübergreifenden Zusammenarbeit anzustreben.

Vielleicht denken Sie jetzt:

- Das hört sich vollkommen vernünftig an, aber das ist doch alles Zukunftsmusik.

• Dafür müsste mal jemand ein Werkzeug entwickeln.

Ich kann Sie beruhigen: Es ist keine Zukunftsmusik und das passende Werkzeug, das Ihnen bei der Umsetzung des Flurfunks 3.0 helfen kann, ist bereits vor einiger Zeit entwickelt worden.

Es handelt sich dabei um ein sogenanntes Unternehmenswiki.

5.1 Was ist überhaupt ein Wiki?

Kennen Sie die freie Enzyklopädie wikipedia.de? Dieses Nachschlagewerk beruht auf einer Wiki-Technologie. Wahrscheinlich fragen Sie jetzt, wie Ihnen die Anschaffung einer Art "elektronischer Enzyklopädie" bei der Förderung des Flurfunks 3.0 helfen kann, oder?

Ich spreche mit vielen Menschen über die Einführung von Unternehmenswikis und muss dann oft eben diese Verwirrung, was ein Nachschlagewerk mit dem Flurfunk 3.0 zu tun hat, auflösen.

Diese Verwirrung kommt meiner Erfahrung nach daher, dass sehr viele Nutzer von wikipedia.de dieses eben nur als reines Nachschlagewerk benutzen. Wenn sie eine Frage haben besuchen sie die entsprechende Seite auf wikipedia.de, lesen die dort veröffentlichte Definition, lesen eventuell noch eine weitere verlinkte Seite und begnügen sich damit.

Das Besondere, was dieses Nachschlagewerk auf Wiki-Basis auszeichnet, ist, dass es eben nicht von einer Redaktion erstellt und kostenlos der Menschheit zum Lesen zur Verfügung gestellt wurde, sondern, dass prinzipiell jeder (auch Sie) bei wikipedia.de
• eine Seite zu einem Thema anlegen kann und
• den Inhalt einer bestehenden Seite korrigieren und erwei-

tern kann.

Vielen Besuchern dieses großen Online-Wikis ist diese Tatsache einfach nicht bewusst.

Es ist ja auch schwer vorstellbar, dass Tausende von Menschen gemeinsam an einem riesigen Nachschlagewerk in verschiedenen Sprachen arbeiten.

Die Diskussionen darüber, wie diese Gemeinschaft Vandalismus verhindert und dafür sorgt, dass nur werthaltige Anpassungen an den bestehenden Artikeln durchgeführt werden, würden alleine einige Bücher füllen. Darüber müssen Sie sich in Bezug auf ein Unternehmenswiki auch gar keine Gedanken machen. In Ihrem Unternehmenswiki werden aller Wahrscheinlichkeit nach nur Mitarbeiter nach einer Identifikation und einem Log-in Änderungen vornehmen können.

Hier ein paar Informationen über Wiki-Systeme:
- Die Bezeichnung "Wiki" wird von einem hawaiischen Wort abgeleitet und bedeutet "schnell".
- Ein Wiki ist ein System, in dem Webseiten angelegt und von jedem Nutzer direkt im Web-Browser geändert werden können. (Ja, man kann hier auch Berechtigungen vergeben, aber der Grundgedanke geht davon aus, dass jeder alles sehen und editieren darf.)
- Wikis wurden geschaffen, um z.B. im Rahmen des Wissensmanagements Informationen innerhalb einer Gruppe gemeinsam zu sammeln, zu strukturieren und aufzubereiten.
- Die in Wikis gepflegten Webseiten werden intern versioniert, so dass z.B. im Falle eines versehentlichen Lö-

schens ältere Versionen wieder hergestellt werden können.

- Ein Unternehmenswiki wird häufig als Teil oder als Ersatz eines klassischen Intranets verwendet.

Wiki-Systeme wurden bereits in den 1990er Jahren eingesetzt, fanden aber hauptsächlich in sehr technikaffinen Zielgruppen Verwendung. In den letzten Jahren hat sich in Bezug auf die Benutzerfreundlichkeit der Editoren sehr viel getan, so dass auch immer mehr nicht techniknahe Fachbereiche in Unternehmen Wiki-Systeme zur täglichen Arbeit einsetzen.

Im Folgenden möchte ich Ihnen zeigen, welches Wiki-System ich kennen und schätzen gelernt habe.

5.2 Ein Beispiel für ein Wiki-System

Atlassian Confluence® wird als Unternehmenswiki seit dem Jahr 2003 entwickelt und man merkt dem System in der täglichen Nutzung viel Liebe zum Detail an. Viele Funktionen machen einen sehr ausgereiften Eindruck und lassen sich problemlos in der täglichen Arbeit einsetzen.

Rund um Confluence hat sich im Laufe der Zeit ein eigenes Ökosystem an Erweiterungen, sogenannten Add-ons, gebildet, die über den vom Hersteller betriebenen Atlassian Marketplace[3] bezogen werden können. Aktuell sind hier hunderte verschiedene Erweiterungen für die unterschiedlichsten Einsatzgebiete verfügbar.

Nachfolgend finden Sie einige der integrierten Funktionen, die für den Einsatz von Atlassian Confluence als Unternehmenswiki sprechen:

- Es ermöglicht die **virtuelle Zusammenarbeit an einem Ort**, da Dokumente gemeinsam im Wiki erarbeitet werden können. Ein Versenden per E-Mail und ein damit häufig verbundenes Abgleichen von Dokumentversionen fällt weg.

- Confluence ermöglicht es für unterschiedliche Gruppen **eigene Räume**[4] (Confluence Spaces) anzulegen. So kann z.B. eine Abteilung, ein Unternehmensbereich oder ein Projekt jeweils in einem eigenen Raum arbeiten.

- Die Seiten innerhalb der virtuellen Räume können mit Hilfe eines wirklich sehr **ausgereiften Webeditors** bearbeitet werden. Jeder, der aus seiner täglichen Arbeit den Umgang mit bekannter Textverarbeitungssoftware kennt, wird sich hier nach nur sehr kurzer Eingewöhnungszeit zurechtfinden. Individuelle **Seitenvorlagen** wie z.B für Meeting-Protokolle oder Entscheidungen erleichtern das Anlegen von Seiten.

- Jede Seite kann innerhalb der Seite oder am Seitenende von den Kollegen mit **Kommentaren** versehen werden, so dass der Inhalt nach und nach immer weiter verbessert werden kann.

- Die eingebaute **Suchfunktion** ist sehr ausgereift und ermöglicht unter anderem auch die Einschränkung der Suche auf verschiedene Räume.

- Ferner ist auch die **Integration weiterer Atlassian Produkte**, wie z.B. die Aufgabenverwaltung Jira® oder der Chat-Server HipChat® möglich.

Im Folgenden zeige ich Ihnen einige der besten Praxis-Tipps beim Umgang mit einem Unternehmenswiki am Beispiel von Atlassian Confluence.

Kapitel 6

Wertvolle Praxis-Tipps...

Die nachfolgenden Kapitel geben einen Überblick über zahlreiche Praxis-Tipps, die Ihnen im täglichen Umgang mit Ihrem Unternehmenswiki helfen können. Wo es sich anbietet, erläutere ich diese Tipps mit Beispielen von Atlassian Confluence. Ein Großteil der genannten Tipps sind allerdings auch mit anderen Wiki-Lösungen umsetzbar.

Ich wünsche Ihnen viel Erfolg und Spaß bei der Umsetzung der folgenden Praxis-Tipps...

- ... zur Zentralisierung des Wissensmanagements.
- ... zur Verbesserung der Zusammenarbeit.
- ... zur Effizienzsteigerung im Projektmanagement.
- ..., die einfach motivieren.

6.1 ... zur Zentralisierung des Wissensmanagements

Gerade im Vergleich mit wikipedia.de wird schnell klar, wie ein Unternehmenswiki das Sammeln und Zentralisieren von Wissen ermöglichen und unterstützen kann. Setzen Sie Ihr Unternehmenswiki ein, um dort das Wissen Ihres Unternehmens zu bündeln und diese Sammlung ständig weiterzuentwickeln.

Wie bekommt man denn hier Ordnung hinein?

Confluence bietet trotz einer sehr einfachen Grundstruktur die Möglichkeit einen Großteil des in einem Unternehmen täglich genutzten Wissens strukturiert und vor allem wiederfindbar abzulegen.

Wie in der folgenden Skizze gezeigt, ist die hierarchische Grundstruktur der Informationen in Confluence sehr einfach aufgebaut:

1) **Das Dashboard:** die Startseite des Unternehmenswikis
2) **Die Räume:** abgeschlossene Bereiche innerhalb von Confluence, in denen die Berechtigungen sehr granular gesteuert werden können; Räume lassen sich nicht verschachteln
3) **Die Startseite eines Raumes:** beschreibt meistens die in diesem Raum beinhalteten Informationen näher und führt eventuell Zuständigkeiten und neueste raumspezifische Nachrichten auf
4) **Die untergeordneten Seiten:** alle Informationen werden in Confluence auf Seiten vorgehalten; diese Seiten können hierarchisch beliebig tief verschachtelt werden

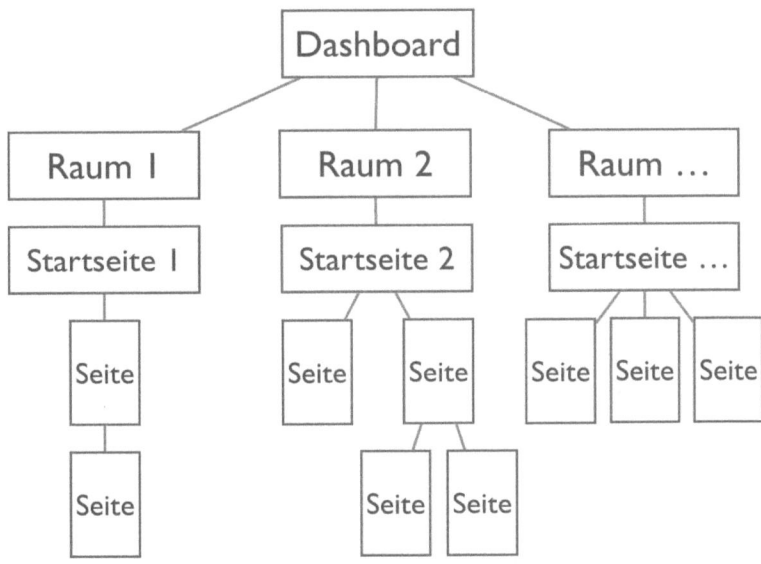

Die einzelnen Seiten können unterschiedlich gestaltet sein und die verschiedensten Informationen enthalten. Hier nur einige Beispielinhalte:

- eine Unternehmensvorschrift
- die Agenda eines Termins
- ein Protokoll eines Meetings
- ein Konzept
- eine Nachricht aus der Geschäftsleitung an die Mitarbeiter in Form eines Blogbeitrags
- die Planung einer Mitarbeiterveranstaltung

Wenn die Inhalte einer Seite zu groß werden, um dort übersichtlich eingesehen und bearbeitet zu werden, so können Sie jederzeit eine weitere untergeordnete Seite anlegen, die zugehörige Inhalte aufnimmt.

Tipp: Meine ausdrückliche Empfehlung zur Steuerung von Zugriffsrechten ist diese bei Confluence auf Raumebene zu pflegen. Es ist auch möglich die innerhalb eines Raumes abgelegten Seiten auf Seitenniveau mit Zugriffsrechten zu versehen. Die langfristige Pflege von Zugriffsrechten auf voneinander abhängigen Seiten erweist sich aber als sehr aufwändig und leicht unübersichtlich.

Nachdem im Wiki eine gewisse Grundstruktur angelegt wurde, müssen die dort vorbereiteten Seiten nur noch mit Inhalten gefüllt werden. Hier trifft man in der Praxis oft auf Bedenken, wie die folgenden:

Warum sollte ich denn mein Wissen preisgeben?

Diese Frage höre ich im Rahmen der Einrichtung eines Wikis sehr oft. In vielen Firmen bedeutete lange Jahre sogenanntes Herrschaftswissen eine Art Jobgarantie. Wenn es einem Mitarbeiter gelang sein Wissen über einen wichtigen Prozessschritt möglichst für sich zu behalten, war er praktisch unkündbar.

Diese Einstellung ist auch heute noch gelegentlich zu finden. Immer häufiger treffe ich aber auf Mitarbeiter aus den verschiedensten Hierarchiestufen, die mir sagen:

"Ich verbringe so viel Lebenszeit bei der Arbeit, dass ich hier auch Spaß haben will. Ich möchte nicht nur ein kleines Zahnrad im Getriebe des Unternehmens sein, sondern ich möchte an tollen Produkten, Projekten, Konzepten und Ideen mit netten Kolleginnen und Kollegen zusammenarbeiten."

Typische Zusammenarbeit beinhaltet zwangsläufig auch das

Preisgeben von eigenem Wissen. Wenn dies auf Gegenseitigkeit beruht, kann ein Austausch zu ganz neuen Perspektiven führen. So entstehen möglicherweise neue Geschäftsideen, Produkte, Dienstleistungen und Serviceideen, die dem Arbeitgeber zugutekommen und somit auch langfristig eine Art Arbeitsplatzgarantie darstellen können.

Kleiner Motivationstipp: Wer eine Idee zuerst veröffentlicht, ist und bleibt der Autor (Entdecker) dieser Idee... für alle sichtbar.

Denken Sie wieder an wikipedia.de. Wie oft haben Sie hier bereits eine Antwort auf Ihre Fragen gefunden? Wie groß wäre diese unglaubliche Wissenssammlung, wenn jeder Autor sein Wissen lieber für sich behalten hätte?

Ich pflege lieber mein Dokument auf dem Laufwerk!

Immer wieder höre ich, dass es doch viel einfacher sei ein größeres Dokument in der üblichen Textverarbeitung zu pflegen. So erklärte mir z.B. jemand in einem größeren Unternehmen, dass er keine Lust habe die von ihm gepflegte Vorschriftensammlung nun im Wiki neu zu erfassen. Sein Kompromissvorschlag war es eine Seite im Wiki anzulegen, auf der er zwei Sätze zum Inhalt des Dokuments schreibt und dann die Datei aus der Textverarbeitung an diese Seite anhängt.

Dieses Verhalten lässt sich damit erklären, dass es manchmal recht aufwändig ist Anhänge in Intranetsystemen der letzten Generation zu aktualisieren. Dies liegt meistens an Engpässen, da nur wenige Leute Inhalte einstellen und bearbeiten können. Im obigen Beispiel führte dies dazu, dass alle Änderungen für das Vorschriftendokument immer ca. ein halbes Jahr gesammelt wurden. Auf Basis aller Änderungen wurde dann ein neues Dokument erstellt, welches dann wieder im Intranet zur Verfügung gestellt wurde.

In Zeiten eines Wikis ist es sinnvoller jede Änderung direkt durchzuführen, so dass diese dann sofort allen Mitarbeitern zur Verfügung steht. Die einzige Hürde ist, dass der Inhalt des großen Dokuments aus der Textverarbeitung ins Wiki überführt werden muss.

Hierfür bietet Confluence eine sehr einfache Importfunktion ("Dokumentenimport" im Seitenmenü), die sogar die Aufteilung der Dokumenteninhalte nach Kapiteln in der Importdatei ermöglicht.

Selbstverständlich gibt es auch eine Exportfunktion, die das Überführen von Wiki-Seiten in eine Textverarbeitung ermöglicht.

Seit dem Import des umfangreichen Regelwerks in das Unternehmenswiki in meinem Beispiel freut sich der Verantwortliche nun immer, dass neue Änderungen direkt nach dem Speichern allen Mitarbeitern zugänglich sind. Das halbjährliche Sammeln und gebündelte Veröffentlichen konnte somit wegfallen.

Seitenvorlagen sind einfach und praktisch!

Wenn Sie Informationen in Confluence ablegen möchten, so können Sie einfach durch Anklicken des Knopfes "Erstellen" eine Seite erstellen. Confluence bietet die unterschiedlichsten Seitenvorlagen zur Auswahl an.

Tipp: Der Confluence-Administrator kann die Standardvorlagen anpassen oder sogar neue hinzufügen:

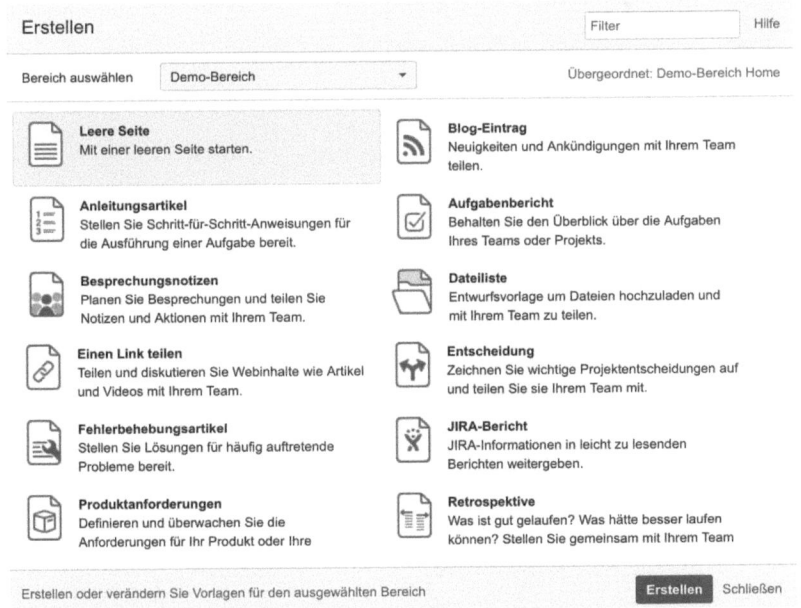

Top-Down-Kommunikation bleibt bestehen, aber...

Die aus klassischen Intranetinstallationen bekannte Top-Down-Kommunikation, die die Stimme der Geschäftsführung über die einzelnen Tochterunternehmen, Bereiche, Abteilungen und Teams bis hin zum Mitarbeiter transportiert, ist auch mit Hilfe eines

Wikis abbildbar.

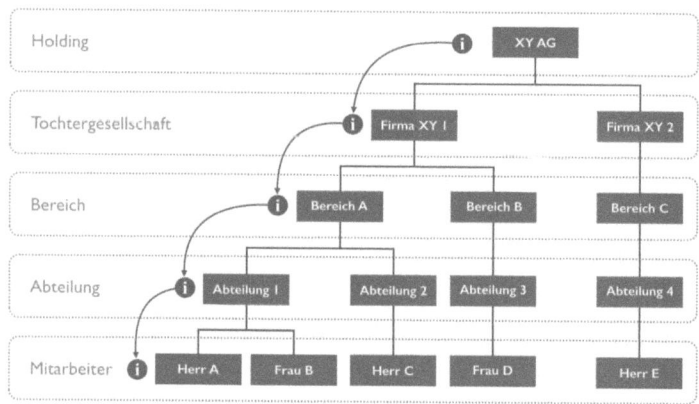

So kann z.B. ein Raum angelegt werden, in dem nur die Abteilung der Unternehmenskommunikation über Schreibrechte verfügt, jeder Mitarbeiter dort aber Nachrichten lesen und kommentieren kann. Der einzige Unterschied ist nun, dass durch Kommentare und Diskussionen z.B. auch zum neuesten Mitarbeiterrundschreiben des CEOs eine Bottom-Up- bzw. Miteinander-Kommunikation ermöglicht wird.

Diese Miteinander-Kommunikation im Flurfunk 3.0 zeichnet sich somit durch die folgenden Kriterien aus: Sie ist...

- gleichberechtigt
- hierarchieübergreifend
- abteilungsübergreifend
- (tochter)unternehmensübergreifend

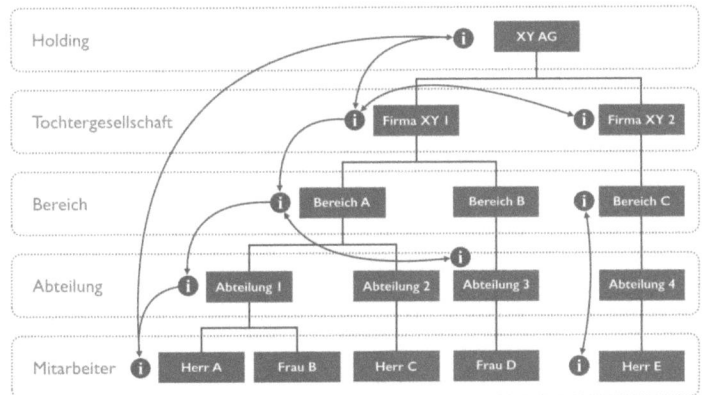

Seien Sie sich bewusst, dass die Einführung eines Unternehmens-wikis deutliche Kommunikationsveränderungen herbeiführen kann. In der klassischen Top-Down-Kommunikation erfolgte eine Kommunikation von Hierarchiestufe zu Hierarchiestufe und schottete so Gedanken, Diskussionsbeiträge und Kommentare oft von anderen Unternehmensbereichen ab. In der typischen Mitein-ander-Kommunikation werden diese Schranken aufgehoben und ermöglichen auch einmal einen Kommentar eines Abteilungslei-ters auf eine Veröffentlichung eines Mitarbeiters, der disziplina-risch einem anderen Abteilungsleiter unterstellt ist.

Sollten Sie über einen 180°-Schwenk von einer reinen Top-Down- zu einer kommunikations- und diskussionsstarken Mitein-ander-Kommunikation nachdenken, so seien Sie durch trainierte Diskussionsfähigkeit gut vorbereitet. Mit einer fehlenden Diskus-sionsbereitschaft würden Sie dem Nutzen eines Wikis zur Verbes-serung der aktiven Kommunikation den Todesstoß versetzen. Denken Sie im Vorfeld daran entsprechend geschulten Mitarbei-tern zumindest teilweise hierfür Arbeitszeit einzuräumen.

Ein Bild sagt mehr als 1.000 Worte!

Häufig ist eine Skizze ein guter Weg, um eine Idee zu entwickeln, oder die Zusammenhänge für ein neues Konzept zu verdeutlichen. Bevor man diese oft schnell hingekritzelte Skizze herumzeigen und mit Kollegen besprechen kann, muss diese erst einmal "vorzeigbar" gemacht werden. Häufig fehlt dazu leider die Zeit, um die Skizze in einem Grafikprogramm nachzubauen.

Mal ehrlich, wie viele Skizzen liegen noch auf Ihrem Schreibtisch und warten auf das elektronische Erfassen, um diese mit den Kollegen zu besprechen? Wäre es nicht toll, wenn man ganz einfach in Ihrem Wiki Konzeptzeichnungen anlegen und direkt zur Diskussion stellen könnte?

Dies ist tatsächlich ganz einfach möglich. So bietet z.B. das Add-on "Draw.io for Confluence" aus dem Atlassian Marketplace viele Funktionen, um ohne Softwareinstallation direkt im Browserfenster Zeichnungen anzufertigen, die von einfachen Organigrammen bis hin zu Mock-Ups für eine neue Smartphone-App reichen. Ebenso sind Wireframes für die Webentwicklung oder schnelle Mindmaps zur Dokumentation eines Workshops möglich.

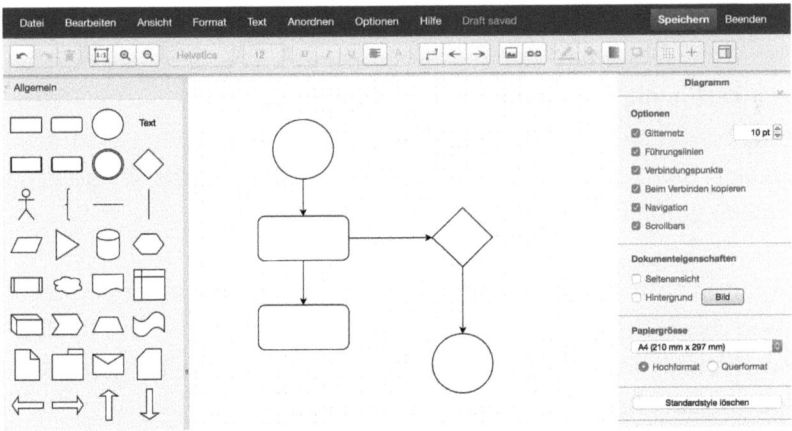

Am besten zeichnen Sie Ihre Gedanken ab jetzt direkt im Wiki, so dass diese Skizze unittelbar nach dem Erstellen zur weiteren Diskussion und Verfeinerung durch Kollegen und Projektmitglieder bereitsteht.

6.2 ... zur Verbesserung der Zusammenarbeit

Ein Unternehmenswiki ist ein Werkzeug zur Stärkung des Flurfunks 3.0, da es durch enorme Transparenz und jederzeitige einfache Auffindbarkeit von Informationen sehr deutlich zur Verbesserung der abteilungsübergreifenden Zusammenarbeit beitragen kann.

Herzlich Willkommen, Herr Schulze!

Erinnern Sie sich noch an Ihren ersten Tag in Ihrem heutigen Unternehmen? Wie lief dieser ab? War Ihr Schreibtisch schon aufgebaut? Enthielt er bereits neben den Papieren und dem Schlüssel Ihres neuen Firmenwagens auch gleich die Nummer Ihres Firmenparkplatzes? War Ihr vorläufiger Firmenausweis bereits fertig gestellt? Waren Zugangsdaten zum Firmennetzwerk bereits angelegt und standen für den ersten Log-in in das Intranet zur Verfügung? Lagen die Kontaktdaten Ihres persönlichen Mentors bereits als E-Mail in Ihrem frisch eingerichteten Postfach? Haben Sie im Intranet sofort Antworten auf Ihre wichtigsten Fragen gefunden?

Wenn Sie alle oben stehenden Fragen mit "ja" beantwortet haben, dann beglückwünsche ich Sie... auch wenn mich das Gefühl beschleicht, dass Sie an der einen oder anderen Stelle geflunkert haben. Oder hat Ihr Unternehmen bereits ein Wiki? ;-)

In den meisten Fällen haben Mitarbeiter an ihrem ersten Arbeitstag einen ganzen Berg an Fragen und noch einen größeren undefinierbaren Vorrat an Fragezeichen, die verhindern überhaupt entsprechende Fragen zu formulieren.

Erinnern Sie sich noch an Ihr erstes Meeting im Kreise der zukünftigen Kollegen? Wahrscheinlich haben Sie dank vieler abteilungs- und unternehmensspezifischer Fragen nur ansatzweise erahnen können, worüber gesprochen wurde. Gab es ein Glossar im Intranet, das Sie in die Geheimnisse der unternehmenseigenen Sprache einführte?

Nicht nur für neue Mitarbeiter ist es eine tolle Erfahrung im Unternehmenswiki einen virtuellen Raum zu finden, der viele der häufig gestellten Fragen direkt beantwortet. Versehen Sie die einzelnen Seiten mit Stichworten und richten Sie im Raum verschiedene Suchmöglichkeiten ein:

- eine Suchmöglichkeit, die nur auf diesen Raum beschränkt ist

- ein alphabetisches Stichwortverzeichnis
- eine logische Struktur, welche Antworten themenspezifisch anordnet

Regen Sie Ihre Mitarbeiter dazu an dort auch mal eine Frage zu hinterlassen, wenn es zu diesem Thema noch keine Seite gibt. Sicherlich wird sich schnell eine Kollegin oder ein Kollege finden, die oder der die passende Antwort ergänzt.

Wer hat denn jetzt die aktuelle Version der Datei?

Kennen Sie das? Sie möchten mit ein paar Kollegen an einem gemeinsamen Konzept arbeiten. Häufig erstellt irgendjemand aus dem Projektteam eine erste Dokumentversion mit einer Kapitelstruktur und versendet diese per E-Mail zur weiteren Bearbeitung an einen Kollegen. Dieser führt Anpassungen durch, ergänzt das Dokument und sendet die neue Version per E-Mail zurück. Schematisch sieht das in etwas so aus:

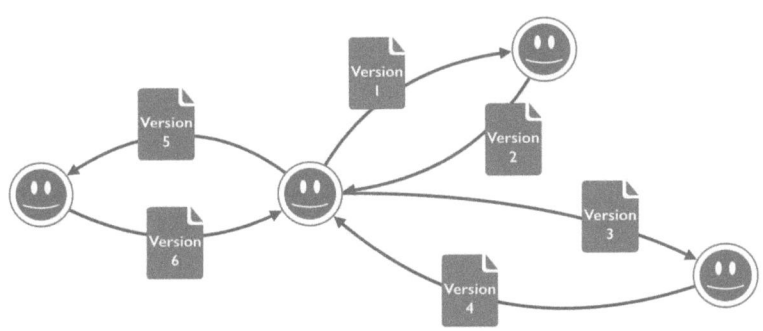

Dieses Spiel wiederholt sich so lange bis mindestens ein Projektmitglied eine der folgenden Fragen stellt:

- Herr Meier, können Sie mir bitte mal die aktuelle Version

des Konzepts zusenden?
- War die Version, die ich bearbeitet habe, gar nicht die aktuellste?
- Wer hat denn gerade die aktuelle Version des Konzepts?
- Ich habe hier gerade drei verschiedene Versionen. Wer gleicht diese nun ab, erstellt eine aktuelle Version und sendet mir diese zu?

Ich würde gerne mal in Erfahrung bringen, wie viel Arbeitszeit heute pro Tag verschwendet wird, weil irgendjemand verschiedene Dokumentversionen abgleicht. Ich persönlich finde, dass man solch eine Aufgabe besser einer Maschine überlassen sollte.

Für jeden glücklichen Besitzer eines Unternehmenswikis gehört das zuvor dargestellte Szenario der Vergangenheit an.

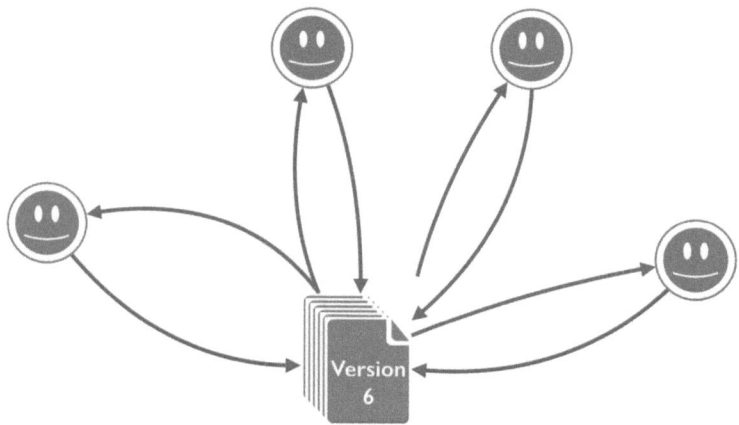

Möchten Sie mit Ihrem Projektteam gemeinsam ein Konzept aufsetzen, so erstellen Sie eine neue Seite in Ihrem Wiki und tragen dort Ihre ersten Gedanken ein. Nun können Sie Ihren

Kollegen direkt den Link auf diese Seite zur Bearbeitung zusenden. Wenn nun jemand eine Änderung an dieser Seite vornimmt, so erstellt Confluence automatisch eine neue Version und verwaltet diese im Hintergrund.

Wenn ein Projektmitglied diese Seite ändern möchte, während gerade ein anderer Kollege eine Änderung durchführt, so weist Confluence direkt darauf hin.

Beenden Sie mit der Einführung eines Unternehmenswikis die ewige Suche nach der aktuellsten Dokumentversion.

Steigerung der Motivation - Das gefällt mir!

Was glauben Sie, welchen Motivationsschub ein einzelner Mitarbeiter erfährt, wenn ein von ihm erstelltes Konzept oder eine Idee zur Verbesserung eines Unternehmensprozesses persönlich vom CEO mit einem "Gefällt mir" oder einem kurzen persönlichen Kommentar versehen wird?

🖒 Gefällt mir   Christoph E. Oskar **gefällt das.**

Unterschätzen Sie nicht die Wirkung der direkten Kommunikation, auch wenn diese nur durch Drücken des "Gefällt mir"-Knopfes geschieht.

Hallo Herr Meier, Sie fahren ja auch Rennrad...

In vielen Unternehmen sind es die Mitarbeiter gewohnt regelmäßig Nachrichten der Unternehmensführung zu erhalten. Häufig werden diese per E-Mail versendet oder im Intranet veröffentlicht. Eine weitere Möglichkeit ist z.B. das Aufsetzen eines Vorstandsblogs in dem die oberste Führungsmannschaft

- sich mit persönlichen Nachrichten vorstellt
- Neuigkeiten verkündet
- den Mitarbeitern eine Frage zu strategischen Entscheidungen stellt
- gelegentlich nach Verbesserungsvorschlägen fragt
- usw.

Warum sollte aber so ein Blog nur der Unternehmensführung vorbehalten bleiben? Es gibt viele weitere Ansätze, wie so ein Blog zur Verbesserung der internen Kommunikation genutzt werden kann. Denkbar sind hier z.B. die folgenden:

- ein Blog, in dem sich alle neuen Mitarbeiter innerhalb der ersten 30 Tage persönlich vorstellen können
- ein Blog, in dem alle Auszubildenden über ihren Arbeitsalltag berichten
- ein Blog, in dem über mehrere Standorte verteilte Mitarbeiter eines virtuellen Teams über ihre Arbeit schreiben

Der Einsatzmöglichkeit von Blogs sind fast keine Grenzen gesetzt. Verstehen Sie so einen Blog eher als eine Art freiwilliges Informationsangebot. Nicht jeder muss alle neuen Nachrichten aus jedem Blog abonnieren. Es reicht vollkommen, wenn ein Mitarbeiter die Informationen bekommt, an denen er besonders interessiert ist. Ein gutes Beispiel ist hier der Blog aller neuen Mitarbeiter. Was glauben Sie, wie man sich als neuer Mitarbeiter willkommen fühlt, wenn man vor einem der ersten Meetings mit den Worten "Hallo Herr Meier, ich habe gelesen, dass Sie ja auch Rennrad fahren..." angesprochen wird.

Pflegen Sie eine offene Fehlerkultur!

Wenn es in Ihrem Unternehmen nicht "erlaubt" ist Fehler zu machen und jeder Fehler gleich Konsequenzen nach sich zieht, so wird die Wiki-Nutzung nur sehr eingeschränkt funktionieren. Viele Mitarbeiter handeln dann nach dem Motto "besser nicht auffallen" und kommentieren und editieren lieber nicht.

Leben Sie eine offene Kultur vor. Ganz nach dem Motto:
Ein Fehler kann passieren... aber am besten nur einmal.

Wer hat meine Kaffeetasse genommen?
Es gibt viele für die Arbeit irrelevante Dinge, für die heute in Unternehmen E-Mails an große Verteiler versendet werden:

- Frau Schulze kann ihre Lieblingskaffeetasse nicht mehr in der Kaffeeküche finden.

- Irgendjemand hat den Joghurt von Frau Wolf aus dem Abteilungskühlschrank entwendet.
- Auf der Königsallee auf der Höhe der Tankstelle in Richtung Innenstadt steht eine Radarfalle.
- Die Kantine schließt am kommenden Freitag bereits um 13:30 Uhr.

Dies sind nur einige Beispiele von E-Mails, die täglich an riesige Verteiler versendet werden. Besonders schön wird es dann, wenn sich Empfänger der E-Mail per "Antworten an alle" beschweren, dass Sie kein Interesse an der enthaltenen Information haben. Dies führt dann gelegentlich zu sich erstaunlich schnell füllenden Postfächern.

Das muss nicht sein, denn schließlich bekommen wir alle schon jeden Tag genug E-Mails, oder?

Die Einrichtung eines Micro-Blogs im Wiki (z.B. mit dem Add-on: "Microblogging for Confluence" aus dem Atlassian Market-place) kann hier die Lösung sein. Sie können ganz einfach auf der Startseite des Wikis einen Microblog für Ihre Abteilung oder sogar für das ganze Unternehmen einrichten. So hat jeder die Möglichkeit kurze "Durchsagen" zu machen, ohne viele Postfächer zu füllen.

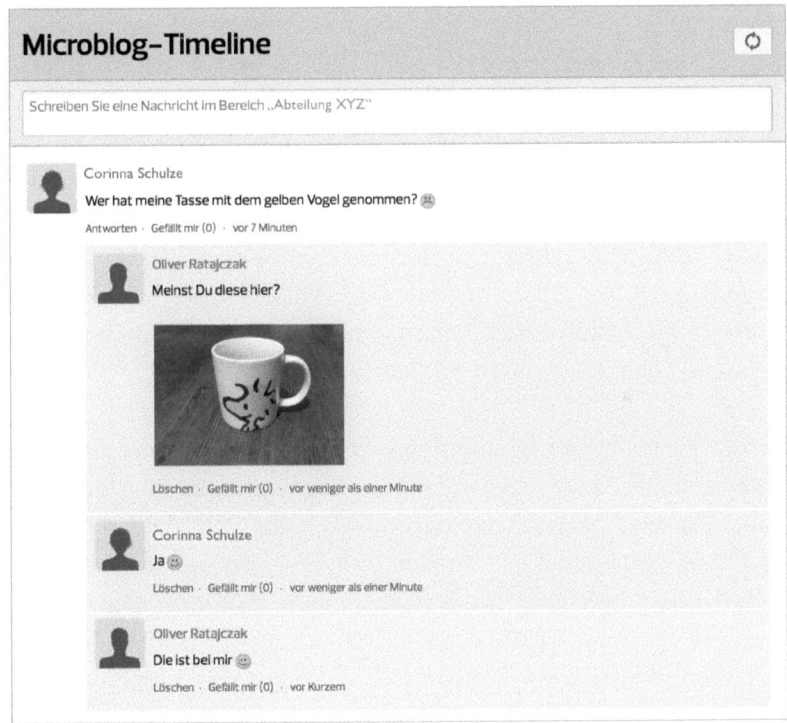

Erfolgsentscheidende Unterstützung "von oben"

Ein richtig eingesetztes Unternehmenswiki kann ein wirklich tolles Werkzeug zur Verbesserung des Flurfunks 3.0, also der Miteinander-Kommunikation und der Zusammenarbeit, sein.

Ich habe mich mit einigen Projektleitern unterhalten, die Confluence bei den unterschiedlichsten Unternehmen eingeführt haben. Hierbei hat sich ein entscheidender Erfolgsfaktor sehr deutlich herausgestellt. Die Art und Weise, wie ein Wiki im Unternehmen eingeführt wird, kann einen sehr großen Einfluss auf die spätere Akzeptanz, die Geschwindigkeit der Einführung und den gestifteten Nutzen haben.

Die Aufgabenverwaltung Jira®, die sich seit vielen Jahren einer sehr großen Beliebtheit in den IT-Abteilungen vieler Unternehmen erfreut, ist häufig der erste Kontaktpunkt zum Produktangebot des Herstellers Atlassian®. Deshalb wundert es auch nicht, dass viele Confluence-Systeme zuerst in den IT-Abteilungen eingeführt werden bzw. wurden. Ausgehend von den IT- oder IT-nahen Abteilungen tritt Confluence dann einen oft langsamen Siegeszug durch das Unternehmen an. Nach und nach lassen sich immer mehr Abteilungen von der Nützlichkeit eines Unternehmenswikis überzeugen und schließen sich an.

Dieses Vorgehen kann allerdings recht lange dauern, da neue Systeme häufig auf Gegenwehr stoßen und erst einmal viel Überzeugungsarbeit geleistet werden muss. Wenn man bedenkt, dass ein Unternehmenswiki Offenheit und Transparenz fördert, wird schnell klar, dass man im Rahmen eines Einführungsprozesses öfter auf Personen trifft, die sich in den letzten Jahren auf der Basis von reduzierter Offenheit und Intransparenz bequem eingerichtet haben.

Ich persönlich kann Ihnen deshalb nur dazu raten ein Unternehmenswiki immer beginnend mit der Unternehmensleitung einzuführen. Wenn die Geschäftsführung Offenheit und Transparenz vorlebt und ein Unternehmenswiki als ein Werkzeug zur Erledigung der täglichen Arbeit anbietet, so wird der täglich generierte Nutzen automatisch für die breite Verwendung sorgen.

Machen Sie bitte nicht den Fehler und analysieren Sie erst einmal alle im Unternehmen betriebenen Intranetsysteme, Wissensdatenbanken und Laufwerksinhalte, bevor Sie ein Unternehmenswiki einführen. Dieses Vorgehen kann einerseits sehr lange dauern und andererseits treffen Sie dabei oft auf Widerstände, da etablierte

Systeme ungern aufgegeben werden.

Tipp: Gehen Sie genau andersherum vor. Führen Sie ein Unternehmenswiki für zentrale Bereiche, wie z.B. Geschäftsführung, Personal und Unternehmenskommunikation ein und versehen Sie es mit tollen Funktionalitäten, die den Mitarbeitern bei der Erledigung ihrer täglichen Arbeit helfen. Gehen Sie dann in einem zweiten Schritt an die Analyse der bestehenden Systeme und unterstützen Sie Ihre Mitarbeiter dabei ihr neues tägliches Arbeitswerkzeug Unternehmenswiki nach und nach mit weiteren Funktionen weiter auszubauen.

Reden bleibt ausdrücklich erlaubt!
Bei aller Begeisterung für Unternehmenswikis, die ich mit diesem Buch zu transportieren versuche, gibt es auch einen negativen Aspekt.

Ein Wiki verführt dazu einfach den ganzen Tag in seinem Büro sitzen zu bleiben und im Wiki alle möglichen Seiten zu kommentieren. Machen Sie sich bewusst, dass ein Wiki eine Möglichkeit zur Verbesserung der Kommunikation und Transparenz ist. Die persönliche 1-zu-1-Kommunikation sollte dadurch aber auf gar keinen Fall ersetzt werden.

Legen Sie doch z.B. in Ihrem Unternehmen eine Reihenfolge für ausgewählte Themen fest, in der bestimmte Kommunikationswege verwendet werden sollen. Zum Beispiel diese Reihenfolge:

1) Telefon
2) Chat
3) Wiki (Microblog, Kommentar)
4) Mail

Im nachfolgenden Kapitel finden Sie weitere Praxis-Tipps,...

6.3 ... zur Effizienzsteigerung im Projektmanagement

Neben normalen Linientätigkeiten sind heute viele Mitarbeiter in Projekten beschäftigt. Jede Effizienzsteigerung im Rahmen des Projektmanagements kann also einen sehr großen Hebel zu Verbesserung der Arbeitsbedingungen bedeuten.

Im Rahmen von diversen Projekten habe ich in Unternehmen die unterschiedlichsten Meetingkulturen kennenlernen können. Nicht in jedem Unternehmen war es üblich
- im Vorfeld eines Meetings eine Agenda zu versenden
- vorbereitet und pünktlich im Meeting zu erscheinen
- Aufgaben mit Zieldatum zu vergeben
- Entscheidungen zu protokollieren

Mit Confluence werden Sie im Rahmen der Projektarbeit bei all diesen Aufgaben unterstützt.

Terminabstimmung: unkompliziert und schnell!

Es ist keine Seltenheit, dass in Konzernen an unterschiedlichen Standorten unterschiedliche E-Mail- und Kalendersysteme eingesetzt werden. Eine standortübergreifende Terminabstimmung wird dann telefonisch schnell zu einer zeitraubenden Angelegenheit.

Viele Leute nutzen der Einfachheit halber im Internet frei verfügbare Dienste zur Terminabstimmung, wie z.B. http://doodle.com. Wer aber möchte seine firmeninternen Termine mit Hilfe extern

betriebener Dienste abstimmen? Wer Diskussionen zu den Themen IT-Sicherheit, Wirtschaftsspionage und Datenschutz aufmerksam verfolgt, wird bestimmt für eine interne Lösung dankbar
sein.

Diese Lösung ist im eigenen Unternehmenswiki beispielsweise
mit dem Add-on "Multivote for Confluence" leicht umsetzbar.

> CSV Export | Wähler-Spalte

Termin	Anzahl der Teilnehmer	Ich bin verfügbar
Mittwoch, 24. 06.2015	3	☐
Donnerstag, 25.06.2015	2	☐
Montag, 29.06.2015	4	☑
Dienstag, 30.06.2015	5	☐
Mittwoch, 01.07.2015	4	☑
Donnerstag, 02.07.2015	2	☐
Montag, 06.07.2015	4	☐
Dienstag, 07.07.2015	2	☑

Terminzusage: unkompliziert und transparent!

Wer den möglichen Aufwand einer standortübergreifenden Terminabstimmung kennt, wird auch für eine einfache Möglichkeit
zur "Verwaltung" von Terminzusagen dankbar sein.

Wenn Sie ein Projektmeeting organisieren möchten, so erstellen
Sie dazu doch einfach eine Seite in Ihrem Projektraum im Wiki.
Diese Seite sollte neben Ort und Zeit, den zu besprechenden
offenen Punkten und der Agenda auch ein Plugin zur Terminzusa-
ge enthalten. Beispielsweise können Sie hierzu das Add-on "Easy
Events RSVP" aus dem Atlassian Marketplace verwenden.

Nun versenden Sie den Link zu dieser Terminseite an alle potenti-
ellen Meetingteilnehmer. Jeder Empfänger kann auf Basis der
Agenda direkt entscheiden, ob er teilnehmen möchte. Um sich zur
Teilnahme anzumelden, reicht ein einfacher Klick auf den Knopf
"Anmelden". Das Plugin listet dann übersichtlich alle Zusagen
auf der Terminseite auf. Der Knopf "Zum Kalender hinzufügen"
ermöglicht den Export als ICS-Datei und somit das Eintragen des
Termins in den eigenen Kalender.

Teilnehmen?

Benutzernamen eingeben (optional)

| Anmelden | Abmelden | Zum Kalender hinzufügen |

Durch Eingabe eines Benutzernames ist es z.B. auch für einen
Assistenten möglich einen Termin im Namen seines Vorgesetzten
zuzusagen.

Wer schreibt heute das Protokoll? Alle!

Früher fühlte ich mich in Meetings oft an meine Lateinstunden
erinnert, die meist mit dem folgenden Satz begannen: "So, dann
wollen wir mal wieder die Vokabelkenntnisse überprüfen. Mal
sehen, wer nun nach vorne zum Vokabeltest kommt...". Panik in
den Blicken. Hektisches Kramen im Federmäppchen zur Ablen-
kung (klappte übrigens nie). Todstellreflex, einfach mal wissend
aussehen und lässig geradeaus gucken (klappte manchmal).
Kennen Sie dieses Verhalten auch, wenn der Leiter des Meetings
die undankbarste Aufgabe verteilen möchte - das Protokollschrei-
ben?

Derjenige, den es "erwischt", muss im Meeting ganz genau aufpassen. Mist. Man hätte sich besser vorbereiten sollen. Worüber sprechen die beiden Herren, die ich vorher noch nicht kennengelernt habe und die sich auch nicht vorgestellt haben, eigentlich genau? Was war denn der genaue Diskussionsstand vom letzten Jour fixe? Warum habe ich das letzte Protokoll nicht gelesen? Oder konnte das letzte Protokoll aufgrund des Tagesgeschäfts oder wegen eines wichtigen Kundentermins mit Aussicht auf einen großen Vertragsabschluss noch gar nicht fertig gestellt werden?

Eine wirklich undankbare Aufgabe. Sie müssen also ganz fleißig Notizen machen, den Diskussionen folgen, möglichst sinnvolle eigene Redebeiträge liefern. Nach dem Meeting fangen Sie an das Protokoll zu schreiben... und der Ärger beginnt. Wer waren denn alle Ihnen unbekannten Teilnehmer? Im Protokoll versucht man eine irgendwie geartete Struktur in so manches unstrukturierte Meeting zu bekommen. Wenn das Protokoll endlich fertig ist, können Sie es an die Teilnehmer zur Freigabe versenden. Was passiert dann? Hier gibt es verschiedene Möglichkeiten:

a) Herr Meier sendet eine Rückmeldung, passt dabei seine Aussage an und verdreht dabei aber den Sinn seiner im Meeting gesagten Worte um 180 Grad.

b) Herr Schmidt verwässert seine eigentlich im Meeting getroffene Entscheidung und rät noch einmal die Meinung von Frau Schulze einzuholen, die ja leider nicht am Meeting teilnehmen konnte.

c) Herr Schneider passt die Aussage von Herrn Müller an und schiebt ihm damit eine eigene Aufgabe zu.

d) Niemand meldet sich nach dem Protokollversand.

In den Fällen a) bis c) sind Ihnen viele Abstimmungsrunden garantiert bei denen Sie aufpassen müssen nicht in das politische Getriebe zweier Abteilungen oder anderer Parteien zu geraten. In Fall d) können Sie nur hoffen, dass die nicht erfolgte Rückmeldung so viel heißt, wie "Toll, das Protokoll haben Sie großartig geschrieben. Alle Aussagen sind perfekt wiedergegeben und wir stimmen alle damit überein." Im wahren Leben tritt dieser Fall aber so gut wie nie ein. Erhalten Sie keine Rückmeldung, heißt dies häufig nur, dass den Protokollentwurf niemand gelesen hat und die erste Hälfte des Folgemeetings damit zugebracht wird dieses Protokoll zu besprechen. Dies hat aber den Vorteil, dass das Protokoll des Folgemeetings einer Ihrer Kolleginnen und Kollegen schreiben muss. Sie sind dann aus dem Schneider.

Ist das effizient? Nein! Muss das so ablaufen? Nein!

Wie wäre es, wenn alle gemeinsam im Meeting die wichtigsten Aussagen, Aufgaben und Entscheidungen protokollieren? Eine Wunschvorstellung, die zusätzlich noch sehr viel Arbeit spart und die Effizienz um einige Faktoren steigern kann.

Öffnen Sie doch einfach zu Beginn des Meetings die zum Termin gehörende Seite im Editiermodus. Wenn nun Entscheidungen getroffen werden, so können Sie diese direkt dort auf der Seite festhalten. Dank der in Confluence integrierten Aufgabenverwaltung ist auch das Festhalten bzw. Vergeben einzelner Aufgaben ganz einfach.

Hätte ich das etwa erledigen sollen?

Zu dieser Überschrift fällt mir mein persönliches Meeting-Highlight ein: Mit ca. 20 Personen fand ein recht großes Meeting statt. Der Kollege, der zum Meeting eingeladen hatte, begann recht ausschweifend zu erklären, worum es in diesem Meeting gehen sollte. Er setzte den Titel der Einladung in einen großen Zusammenhang zum aktuellen Reorganisationsprogramm und sagte dann den folgenden Satz: "Herr Schmidt, Sie haben ja vor fünf Monaten durch den Beschluss des Vorstands die Aufgabe bekommen mit Ihrem Team ein Konzept zur ... zu entwickeln. Da der Zieltermin ja nur noch drei Wochen entfernt ist, wäre es jetzt an der Zeit uns die Grundgedanken Ihres Konzeptes mit dieser enormen Tragweite zu präsentieren. Bitte. Der Beamer gehört Ihnen." In diesem Moment entgleisten Herrn Schmidt alle Gesichtszüge und auf seinem Gesicht stand für jeden Folgendes klar und deutlich zu lesen:

Als alter Meetingprofi ließ sich Herr Schmidt aber nichts (so dachte er zumindest) anmerken und sagte "Bezüglich dieses Konzepts sind wir mehr als gut unterwegs. Da haben wir bereits reichlich Fahrt aufgenommen..." Dieser Satz gehörte lange zu den geflügelten Worten in diversen Projekten und sorgte noch Jahre später für ungewöhnliche Heiterkeit ;-)

Es herrschte betretenes Schweigen. In diesem Moment erhoben sich die ersten Kollegen und verließen ohne weitere Worte den Meetingraum. Allen war klar, dass Herr Schmidt keinen Gedanken in dieses Konzept investiert hatte.

Das muss nicht sein! Wie wäre es, wenn man in Meetings verbindlich Aufgaben festlegt und diese inklusive eines Zieldatums an bestimmte Teilnehmer vergibt?

Confluence bietet eine tolle und vor allem sehr einfache Möglichkeit Aufgaben zu vergeben, zu empfangen und zu verwalten. Wenn Sie eine Seite im Wiki bearbeiten, so genügt folgende Eingabe, um Herrn Wiesenthal eine Aufgabe zuzuweisen:

- [] (eckige Klammern) oder klicken auf das Icon für die Aufgabenliste
- @ gefolgt vom Namen desjenigen, dem Sie eine Aufgabe zuweisen möchten
- kurze Beschreibung der Aufgabe
- // öffnet einen kleinen Kalender, in dem Sie per Mausklick das Fälligkeitsdatum auswählen können

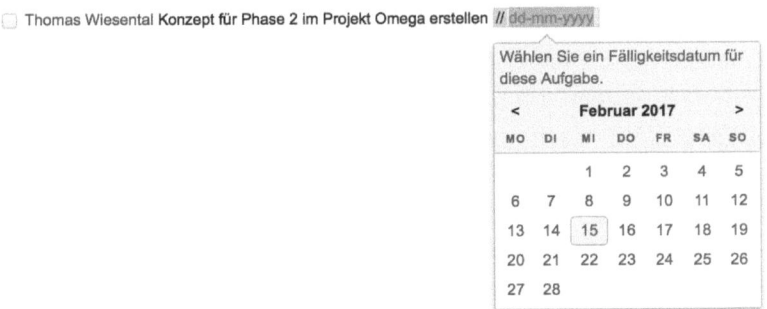

In Ihrem Profil unter dem Menüpunkt "Aufgaben" finden Sie die von Ihnen vergebenen und die Ihnen zugeteilten Aufgaben in einer Übersicht, so dass Sie jederzeit den Überblick behalten.

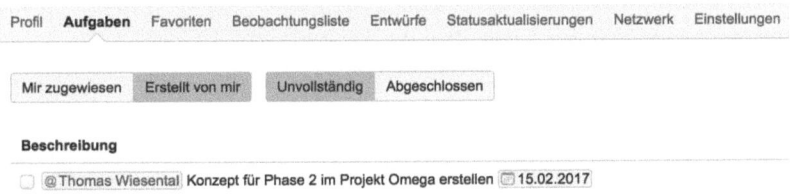

Nutzen Sie jedoch diese einfache Möglichkeit zur Zuweisung von Aufgaben in Confluence nicht dazu Ihren Kollegen einfach ohne Rücksprache Aufgaben zu schicken. Besonders bei noch nicht so geübten Wiki-Nutzern kann dies schnell zu Verstimmungen führen. Sprechen Sie einfach offen an, wie Sie in Ihrem Team oder Unternehmen diese Funktion nutzen möchten. Dann wird auch diese Funktion schnell mehr als nützliches Werkzeug, denn als Arbeitsverteilungs- und Überwachungswerkzeug wahrgenommen.

Der Herr Vorstand wünscht...

Es ist nicht selten, dass in Unternehmen der folgende Satz zu hören ist. "Der Herr Vorstand wünscht, dass Aufgabe XYZ schnellstmöglich erledigt wird." Bis heute ist leider sehr selten überliefert worden, ob der Herr Vorstand von der Existenz dieser Aufgabe XYZ auch nur irgendeine Kenntnis hat. Ich erlebte einmal in einer Mitarbeiterversammlung, dass ein Mitarbeiter das Wort ergriff und folgende Frage direkt an den Vorstandsvorsitzenden richtete: "Lieber Herr Mayer, viele unserer Überstunden wurden in den letzten Monaten sehr häufig damit begründet, dass unser Projekt ABC Ihnen sehr am Herzen liegt und dieses Projekt Ihre persönliche Priorität Nr.1 genießt. Stimmt das?". In diesem Moment schaute der Vorstandsvorsitzende mit einem vielsagenden Blick zu seinem persönlichen Assistenten und sagte dann in etwa Folgendes: "Derzeit teilen sich über 100 Projekte meine Aufmerksamkeit, deshalb kann ich Ihnen nicht direkt hierzu etwas sagen. Wie hieß das Projekt doch gleich? BCA?"

Es war bestimmt nicht das erste und auch nicht das letzte Mal, dass gezielt Gerüchte über die persönlichen Wünsche eines Geschäftsführers in die Welt gesetzt werden, um seinen eigenen persönlichen Zielen Nachdruck zu verleihen.

Wie wäre es, wenn Entscheidungen der Führungsetage nicht nur von Hierarchiestufe zu Hierarchiestufe bis "hinunter" zu den Mitarbeitern gesendet würden? Wie wäre es, wenn die oft ganz klar formulierten Entscheidungen dabei nicht von den Partikular-interessen einzelner, wie beim Kinderspiel "Stille Post", mehr und mehr verfälscht würden? Wie wäre es, wenn jede Entscheidung im Unternehmen vollkommen transparent und für jeden (wenn möglich) sicht- und kommentierbar festgehalten würde? Wie wäre es, wenn dies nicht nur Entscheidungen der Geschäftsführung betreffen würde, sondern jede Entscheidung im Unternehmen, bis hin zu Entscheidungen eines Teamleiters mit lediglich drei Team-mitgliedern?

Sicherlich ist dies eine Frage der jeweiligen Firmenkultur, zu der schlussendlich jeder Mitarbeiter beiträgt.

Confluence unterstützt diese Art der Firmenkultur durch eine Seitenvorlage, die sich "Entscheidung" nennt.

Entscheidung
Zeichnen Sie wichtige Projektentscheidungen auf und teilen Sie sie Ihrem Team mit.

Wer hat das entschieden? Ich, gestern um 15:12 Uhr!

Ich erinnere mich noch genau, wie ich in Confluence innerhalb eines Projektes zum ersten Mal die Seitenvorlage "Entscheidung" verwendet habe. Als Projektleiter war ich mir meiner wohl durch-dachten Entscheidung wirklich sehr sicher. Trotzdem beschlich mich zu diesem Zeitpunkt ein ungutes Gefühl verbunden mit diesen Fragen:

- Sieht jetzt jeder im Projekt, dass ich diese Entscheidung getroffen habe?
- Kann es sein, dass mir diese Transparenz nicht nur Freunde einbringt?
- Wieso beschleicht mich so ein ungutes Gefühl, obwohl ich mir bei dieser Entscheidung doch so sicher bin?

Ich füllte die folgenden Felder der Seitenvorlage "Entscheidung" aus:

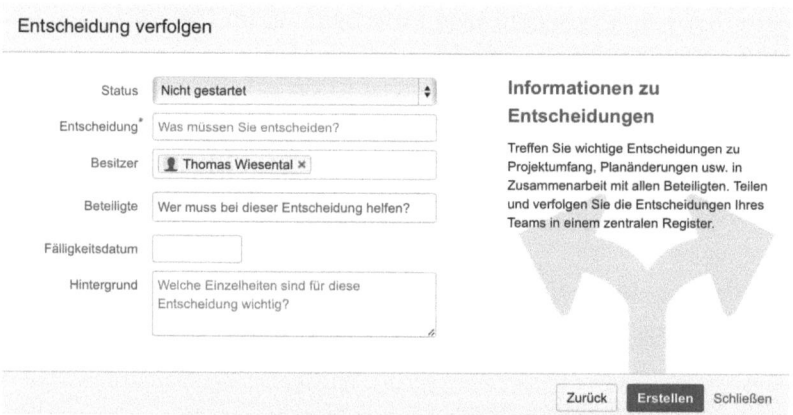

Als ich dann das erste "Gefällt mir" auf der Entscheidungsseite erhielt, war ich von dieser schnellen und sehr direkten Art der Rückmeldung überrascht und auch begeistert. Seitdem nutze ich diese Funktion regelmäßig auch bei noch so kleinen Entscheidungen, denn sie sorgt nicht nur für Transparenz, sondern ermöglicht auch noch Monate später genau zu wissen, warum man damals gerade diesen Weg im Projekt eingeschlagen hat.

Ach, du bist auch bei diesem Projekt dabei!

Gerade bei örtlich verteilten Teams in virtuellen Projekten kann es eine deutliche Erleichterung sein zum Projektbeginn eine Seite zu eröffnen, die alle Mitglieder des Projektteams inklusive ihrer Aufgaben und Kontaktdaten enthält.

Wenn Sie zur Verlinkung der Projektmitglieder das Macro "Benutzerprofil" verwenden, wird jedes Teammitglied gleich mit dem hinterlegten Profilbild und den aktuellen Kontaktdaten angezeigt.

Thomas Wiesental
thomas.wiesental@unternehmen-ag.de

Telefon: +49 1234 5678
Website: http://www.unternehmen-ag.de
Position: Leiter Kundenprozesse
Ort: Bochum

Hast du noch das Protokoll vom letzten Monat?

Haben Sie auch oft die Situation erlebt, dass es in einem Meeting zu einer "Patt-Situation" kam, weil zwei Beteiligte einen bestimmten Vorgang gegensätzlich in Erinnerung hatten? Die Beteiligten behaupten dann, dass sie Recht hätten und diese Entscheidung ja im damaligen Protokoll festgehalten wurde. Da man innerhalb des Meetings dann meistens keinen Zugriff auf dieses Protokoll hat, wird die weitere Diskussion dann gerne auf den nächsten Regeltermin vertagt. Dies muss aber nicht so ablaufen.

Wie schon in den vorangegangenen Kapiteln beschrieben ist es mit Confluence sehr einfach eine Seite für einen Termin inklusive der offenen Punkte und der Agenda anzulegen. Im Meeting kann man dann direkt diese Seite öffnen und z.B. die dort eingebetteten

Präsentationen verwenden. Wenn Entscheidungen getroffen werden, so können Sie diese direkt auf der Meetingseite protokollieren. Offene Aufgaben des letzten Meetings können Sie zu Meetingbeginn gleich besprechen und eventuell "abhaken". Vergeben Sie neue Aufgaben innerhalb des Teams, so können Sie diese auf der Meetingseite einfügen. So erhalten Sie von jedem Meeting eine Seite, die alle meetingrelevanten Informationen zusammenfasst. Sollte es in einem späteren Termin zu einer "Patt-Situation" kommen, so ist es ein Leichtes, die in Confluence integrierte Suche zu verwenden, um das gesuchte Protokoll schnell zu finden.

Sorgen Sie für ein Commitment bei den KPIs, aber ASAP!

Erinnern Sie sich noch an Ihre ersten Wochen bei Ihrem aktuellen Arbeitgeber? Haben Sie mitgezählt, wie viele Abkürzungen[5] in den Meetings im ersten Monat verwendet wurden, die Ihnen nichts sagten?

Ich erinnere mich hier gerne an eines meiner ersten Teammeetings bei einem Kunden aus der Telekommunikationsbranche bei dem die ungewöhnliche Abkürzung SUPP verwendet wurde. Auf meine Nachfrage, was das sei, wurde mir mit bösem Blick erklärt, dass das hier nun wirklich jeder wisse, da es sich hierbei um die wichtigsten drei Produkte des Hauptlieferanten handele. Als wir einige Wochen später ein Meeting mit eben diesem Lieferanten hatten und der Vertriebschef plötzlich fragte, was denn bitte SUPP wäre, war mit die Bedeutung eines Glossars schlagartig klar.

Können Sie sich auch noch an die Abkürzungen erinnern, die Sie am Anfang dachten zu verstehen, die sich im Nachhinein aber als Missverständnis entpuppten?

Mein diesbezügliches Highlight erlebte ich mit einer bei einem meiner Kunden eingesetzten Softwarelösung, die den ungewöhnlichen Namen eines Helden einer sehr bekannten Fernsehserie der 80er Jahre trug. Als ich Monate später den Geschäftsführer dieser Firma kennenlernte und ihn auf die Softwarelösung ansprach, schaute er mich nur ungläubig mit großen Augen an und sagte "Wir bieten keine Software mit diesem Namen an." Das Missverständnis klärte sich dann recht schnell auf und war "eigentlich" recht einfach: Der Softwarelieferant hatte seine Firma nach dem Titel der Fernsehserie aus den 80ern benannt. Die Mitarbeiter meines Kunden fanden den Produktnamen der Software nicht passend und nannten diese Software ab da wie einen der Hauptdarsteller der Serie und verwendeten den Namen überall, von Handbüchern, zugehörigen Dokumenten, bis hin zum Starticon auf den Bildschirmen der Mitarbeiter.

Wie Sie sehen, ist es mit Abkürzungen und kreativen Namensgebungen nicht immer einfach. Kommt man neu in ein Unternehmen, so lernt man viele Abkürzungen in kurzer Zeit und arbeitet damit. Was glauben Sie? Wie ist die Bilanz? Wird mehr Energie durch die Verwendung von Abkürzungen gespart, als durch Herausfinden von Bedeutungen und das Klären von Missverständnissen aufgrund von Abkürzungen verschwendet?

Ich empfehle Ihnen ein unternehmens-, abteilungs- oder projektweites Glossar Ihrer häufig verwendeten Abkürzungen aufzubauen. Es ist wirklich nicht schwierig. Erstellen Sie dazu einfach eine Seite z.B. im Hilfebereich und erstellen Sie dort eine Tabelle mit den Abkürzungen und ihren Bedeutungen. Ohne Unternehmenswiki scheitert so ein Unterfangen häufig daran, dass dieses Glossar in einer Datei auf einem Laufwerk gepflegt wird, auf das nicht immer jeder schreibenden Zugriff hat.

Hier folgen nun ein paar Tipps...

6.4 ... die einfach motivieren

Wie geht es Ihnen in Ihrer täglichen Arbeit? Sie haben doch auch bestimmt Arbeiten, die Sie gerne erledigen und welche, die sie möglichst lange vor sich herschieben oder am besten zu delegieren versuchen, oder?

Das geht wahrscheinlich jedem von uns so. Das Faszinierende an dieser Erkenntnis ist, dass uns Arbeiten, die Spaß machen, häufig viel einfacher von der Hand gehen.

Es gibt verschiedene Gründe, warum uns die Bearbeitung einer Aufgabe Spaß machen kann:

- Die Aufgabe an sich liegt uns einfach.
- Die Arbeitsatmosphäre an diesem Tag war einfach toll.
- Die Aufgabe konnte reibungslos und ohne Unterbrechung von Anfang bis Ende erledigt werden.
- Man sieht als Ergebnis, was man am Ende des Arbeitstages erledigt hat.
- usw.

Probieren Sie doch einfach mal einige der folgenden Tipps mit Hilfe Ihres Wikis aus. Vielleicht schlagen Sie so zwei Fliegen mit einer Klappe und erreichen so positive Effekte für Ihre Arbeit, wie z.B. die Verbesserung der Kommunikation und Zusammenarbeit und haben auch noch Spaß dabei.

Versuchen Sie sich als Autorenteam!
Eine Möglichkeit, um einem neuen Projektteam oder einem Team von Testern die Möglichkeiten zur praxisnahen Zusammenarbeit mit Hilfe Ihres Wikis zu zeigen, ist das Aufsetzen einer Fortsetzungsgeschichte. Dazu eröffnen Sie eine Seite und erklären in einer Spalte auf der linken Seite, dass es sich hier um eine Fortsetzungsgeschichte handelt, an der jeder freiwillig mitschreiben kann.

Über die breitere Spalte auf der rechten Seite schreiben Sie dann als Überschrift "Fortsetzungsgeschichte" gefolgt von einem der folgenden Anfänge:

- Michael saß in seinem Garten und dachte darüber nach, wohin er im nächsten Jahr in Urlaub fahren sollte, nach Italien, oder nach ...
- Thomas war im Urlaub auf Ibiza, lag am Strand, hörte im Hintergrund leise Loungemusik und dachte über die

Zukunft seines Unternehmens nach. Er fing an sich die *Unternehmen AG* im Jahr 2030 vorzustellen ohne sich dabei von irgendwelchen Hindernissen einschränken zu lassen. Sein Traum-Unternehmen im Jahr 2030 würde sich hauptsächlich durch diese Eigenschaften auszeichnen...

- Gabriele legte ihren Spionageroman zur Seite, lehnte sich zurück und schloss ihre Augen. Sie versetzte sich in die Haut eines Wirtschaftsspions, der von der Konkurrenz beauftragt wurde, um ihrem Unternehmen zu schaden. In Gedanken ging sie verschiedene Möglichkeiten durch, wie dieser z.B.

  - unbemerkt in das Gebäude der Zentrale gelangen konnte
  - sich nur mit Hilfe eines Telefons Zugang zu Informationen aus dem Buchungssystem verschaffen konnte
  - ...

So eine Fortsetzungsgeschichte hat gleich mehrere Vorteile:

- Die Mitarbeiter gewöhnen sich daran, wie einfach es ist an einem Dokument gemeinsam zu arbeiten. Denn es muss ja nicht immer eine Fortsetzungsgeschichte sein, sondern es kann sich ja auch um ein gemeinsam erarbeitetes Konzept handeln.
- Das abteilungsübergreifende Nachdenken über ein Thema führt oft zu ungewöhnlichen Lösungsansätzen zur Erhöhung der Informationssicherheit, zu kreativen Ideen für neue Produkte oder eine Fokussierung auf bis jetzt noch nicht bedachte Vertriebswege.
- Es macht einfach Spaß.

Unter die Fortsetzungsgeschichte können Sie das Macro "Beitragende" einfügen, so dass man immer direkt auf den ersten Blick sehen kann, wer wie oft an dieser Geschichte geschrieben hat. Dies stachelt häufig den Spieltrieb an und veranlasst die Kollegen zum weiteren Ergänzen.

Beitragende
Zeigt eine Zusammenfassung der Bearbeiter einer Seite, ihrer Hierarchie, ausgewählter Bereiche, oder Beobachter dieser Seiten.

Wo ist denn nun die Schwarmintelligenz?

Kennen Sie das Buch "*Schwarmdumm: So blöd sind wir nur gemeinsam*" (ISBN: 978-3593502175) von Prof. Dr. Gunter Dueck? Spätestens nachdem Sie dieses Buch gelesen haben, ist Ihnen klar, dass nicht immer alles automatisch besser wird, wenn es mehrere Leute zusammen erarbeiten. Aber es gibt durchaus Möglichkeiten gemeinsam tolle Konzepte, Produkte und Ideen zu entwickeln. Pflanzen Sie doch einfach mal gelegentlich im Unternehmenswiki Kristallisationskeime für neue Ideen.

Wie wäre es z.B., wenn in Ihrem Unternehmen der Geschäftsführer in einem Blogbeitrag Folgendes schreibt:

Liebe Mitarbeiterinnen, liebe Mitarbeiter,

ich denke derzeit viel über die Zukunft unseres Unternehmens nach. Mich bewegen dabei Fragen, wie z.B. die folgenden:

- *Welche Probleme unserer Kunden werden wir mit unseren Produkten in zehn Jahren lösen?*
- *Wie können wir uns aus reiner Kundenperspektive mit*

unserem Dienstleistungsangebot vom Wettbewerb nachhaltig abgrenzen?
- *Was würden Sie an unserem Nr.1-Produkt XYZ noch verbessern, wenn Sie ein unbegrenztes Budget hätten?*

Zu diesen Fragen habe ich jeweils eine Seite im Wiki angelegt und dort meine ersten Gedanken notiert. Ich freue mich auf Ihre Meinung, Anmerkungen, Anregungen, Ideen, Verbesserungsvorschläge und Kritik.

Ich wünsche Ihnen noch einen schönen Tag und verbleibe mit herzlichen Grüßen aus der Zentrale

Ihr Thomas Mayer

Mitarbeiter können sich durch so einen konkreten Anstoß angespornt fühlen über den Tellerrand der eigenen Abteilung zu blicken und über zukünftige Entwicklungen nachzudenken.

Einfach mal den Kollegen zuwinken!

Wenn ein Bild mehr als 1.000 Worte sagt, was sagt dann erst ein Video? Binden Sie doch gelegentlich Videos ins Intranet ein. Wenn Sie externe Videohosting-Anbieter verwenden, werden die Videos je nach vorhandener Bandbreite auch in entsprechend skalierten Bildqualitäten ausgeliefert.

Das Video können Sie ganz einfach durch Verwendung des Makros "Widget Connector" in jede Seite einbinden.

Widget Connector
Fügen Sie YouTube Videos, Flickr
Diashows, Twitter-Streams, Google
Dokumente und andere Inhalte in die
Seite ein.

Huch, das bewegt sich ja!

Wenn man sich die Auflagenhöhe der Romane und die Anzahl der
Kinobesucher ansieht, die sich von den Geschichten des engli-
schen Zauberlehrlings begeistern ließen, so wird schnell klar,
welche Faszination von der dort beschriebenen Welt ausgeht.

Erinnern Sie sich an die Tageszeitungen im Film, die bewegte
Bilder enthielten? Sorgen Sie doch auch einmal für Erheiterung
bei Ihren Kolleginnen und Kollegen. Erstellen Sie eine animierte
Bilddatei (animiertes GIF), welche nicht sofort seine bewegten
Elemente zeigt, sondern erst nach einigen Sekunden. Binden Sie
dieses Bild, welches auf den ersten Blick aussieht wie ein norma-

les Standbild, auf einer Seite ein und überraschen Sie Ihre Kollegen. Natürlich sollten Sie dabei darauf achten, dass sich dieser Effekt nicht zu sehr abnutzt. Gerade beim Start eines neuen Unternehmenswikis sorgt er aber immer für ein Highlight und jede Menge Gesprächsstoff... sozusagen als Futter für den Flurfunk 3.0.

Übrigens: Mit diesen leicht animierten Bilddateien meine ich explizit nicht die wild blinkenden animierten GIFs, die in den Anfängen des Internets viele Seiten "geziert" haben.

Machen Sie Ihr Wiki zum Lieblingswerkzeug!

Sorgen Sie dafür, dass es das erste ist, was Ihre Kollegen morgens im Büro öffnen. Der erste Blick sollte ins Wiki gehen, ob es Mentions (Erwähnungen des eigenen Namens; einfach Eingeben eines "@" gefolgt vom Name des zu verlinkenden Kollegen) gab, ob bestimmte Themen aktualisiert wurden oder ob es einfach interessante neue Informationen gibt.

Sorgen Sie dafür, dass Ihr Wiki einfach nützlich ist. Dort sollten Ihre Mitarbeiter und Kollegen einfach alle Informationen finden, die sie für ihre tägliche Arbeit benötigen.

Hier einige Beispiele:
*   Übersicht von Zuständigkeiten
*   Richtlinien
*   Formulare
*   Kantinenplan
*   stets aktuelle Kontaktdaten der Kolleginnen und Kollegen
*   wichtige Internetlinks

Der letzte Blick Ihrer Kollegen im Büro kann natürlich ebenfalls ins Wiki gehen. Schnell noch einen Kommentar hinterlassen und dann ab nach Hause.

Blind Date beim Mittagessen!

Unterstützen Sie den Flurfunk 3.0 mit allen Kräften. Fördern Sie jeden Kontakt zwischen Kollegen über (Tochter-)Unternehmens- oder Abteilungsgrenzen hinweg.

Legen Sie doch in Ihrem Unternehmenswiki eine Seite (pro Unternehmensstandort) an, auf der sich Ihre Mitarbeiter zum gemeinsamen Mittagessen verabreden können. Dies können Sie z.B. ganz einfach mit dem Add-on "Microblogging for Confluence" aus dem Atlassian Marketplace umsetzen. Was spricht dagegen dort am Vormittag die folgenden Nachrichten einzustellen:

- Hallo, ich bin der Markus aus der Buchhaltung und gehe heute um 12:30 Uhr zu "Don Giovanni" am Marktplatz. Wer möchte sich mir anschließen?
- Wer fotografiert in seiner Freizeit auch gerne in Urbex-Locations[6] und möchte sich über dieses spannende Thema beim Mittagessen in der Kantine von 12:00 bis 13:00 Uhr austauschen?

Sicherlich ist es immer wieder interessant neue Kollegen oder Kolleginnen kennenzulernen:

- man lernt die täglichen Aufgaben des Essenspartners kennen,
- versteht möglicherweise besser die Zusammenhänge zwischen nicht direkt zusammenarbeitenden Abteilungen,
- lernt Ansprechpartner im Unternehmen zu den unter-

schiedlichsten Themen kennen,

- hat ein nettes Mittagessen und
- findet eventuell sogar Freunde für's Leben... man weiß ja nie. ;-)

Kapitel 7

Ein Unternehmenswiki: eine sehr gute Idee!

Hat dieses Buch Sie bereits dazu veranlasst sich nun noch mehr mit dem Thema Unternehmenswiki zu beschäftigen? Oder sind Sie nun sogar zu dem Entschluss gekommen, dass ein Wiki auch für Ihre Firma ein Gewinn sein kann?

Wenn ja, dann kann ich Sie zu dieser Entscheidung nur beglückwünschen.

HERZLICHEN GLÜCKWUNSCH!

Die Einführung eines Unternehmenswikis kann eine sehr gute Idee sein, um Abteilungs- oder sogar Unternehmensgrenzen zwischen Tochterunternehmen aufzuweichen. Zwar ersetzt ein Wiki keine persönliche Kommunikation in Form von Meetings, einem kurzen Gespräch in der Kaffeeküche oder in der Kantine, aber es ist inzwischen eine praxistaugliche Möglichkeit die Miteinander-Kommunikation und die Zusammenarbeit innerhalb von Unternehmen deutlich zu verbessern.

Was man bei aller Begeisterung für ein Unternehmenswiki aber nie vergessen sollte: Ein Wiki ist kein Selbstzweck. Rufen wir uns doch noch einmal ein paar Gründe in Erinnerung, warum es überhaupt Unternehmen gibt:

- Unternehmen beschäftigen Mitarbeiter.
- Die Mitarbeiter entwickeln Produkte und Dienstleistungen.
- Die Kunden des Unternehmens kaufen diese Produkte und Dienstleistungen.
- Mit dem Verkauf der Produkte werden nicht nur die Kunden zufriedengestellt, sondern auch Einnahmen erzielt. Diese Einnahmen sichern die Arbeitsplätze und ermöglichen dem Unternehmen die Entwicklung bzw. Verbesserung der bestehenden Produktportfolios.
- Mit Hilfe der neuen Produkte und Dienstleistungen können neue Kunden gewonnen und bereits bestehende zu Stammkunden weiterentwickelt werden.

Alles, was diesen Kreislauf unterstützt, kann somit langfristig zu einer Erhöhung der Kundenbindung führen. Wie in diesem Buch dargelegt wurde, kann der Flurfunk 3.0 durch Verbesserung der

Miteinander-Kommunikation und der transparenten Zusammenarbeit direkt zur Verbesserung der internen Prozesse beitragen. Jede Verbesserung eines internen Prozesses bekommt früher oder später auch "der Kunde" zu spüren. Dies führt langfristig zu:

- verbesserten Produkten und Dienstleistungen
- einfacheren Möglichkeiten diese Produkte zu kaufen und zu nutzen
- Erhöhung der Kundenzufriedenheit und Verbesserung der Kundenbindung
- einer langfristigen Abgrenzung vom Wettbewerb und somit einer Sicherung von Arbeitsplätzen

...und wenn doch mal etwas schief läuft, so ist es dank des Flurfunk 3.0 zwischen den Mitarbeitern besser möglich eine schnelle Lösung im Sinne der Kunden zu finden.

Kapitel 8

Zu guter Letzt

8.1 Ihre Meinung interessiert mich

Ich hoffe, dass Sie viel Spaß beim Lesen dieses Buchs hatten und einige Anregungen mitnehmen, die Sie direkt in Ihrem Arbeitsalltag umsetzen.

Ich würde mich sehr freuen, wenn Sie mir Ihre Meinung zu diesem Buch mitteilen und mir von Ihren Erfahrungen mit Ihrem Unternehmenswiki berichten würden.

Und natürlich würde ich mich ebenfalls freuen, wenn ich auch Sie als Berater, Redner oder Sparringspartner unterstützen könnte:

z.B. bei der Verbesserung Ihrer Kundenprozesse oder auch bei der Einführung eines Unternehmenswikis, von der herstellerneutralen

Durchführung einer Ausschreibung bis hin zum Projektmanagement bei der Einführung.

Kontakt
www.Ihre-Kundenbrille.de
Ich-bin@Ihre-Kundenbrille.de

8.2 Über den Autor

Als Berater, Redner und Sparringspartner unterstützt Dr. Oliver Ratajczak Unternehmen dabei mehr Interessenten, mehr Kunden und mehr Stammkunden zu gewinnen.

Als Berater unterstützt er bei allen Optimierungen entlang des Kundenlebenszyklus:

- als Projektleiter mit mehr als 15 Jahren internationaler Projektleitungserfahrung
- als Ideengeber mit Best-Practice-Know-how und dem notwendigen Blick über den Tellerrand
- als Kommunikationskatalysator zur Verbesserung der internen Kommunikation

Als Redner versetzt er das Publikum zum Beispiel im Rahmen einer internen Tagung in die Lage die Kundenprozesse aus neuer Perspektive "mit Blick durch die Kundenbrille" zu betrachten. Beispiele aus der Praxis rund um die Themen Kundenbindung, CRM, Marketing, Vertrieb und Kommunikation veranschaulichen Stolpersteine und regen dazu an unternehmenseigene Vorgehensweisen und Verhaltensroutinen zu überdenken.

Als wettbewerbsfreier Sparringspartner steht Dr. Oliver Ratajczak ausschließlich einer Person pro Branche zur Verfügung:

- Er hilft Ihnen beim Denken - von der ersten Idee bis zum Feinschliff am fertigen Konzept.
- Dr. Ratajczak spiegelt Ihre Konzepte mit den Best-Practise-Erfahrungen anderer Branchen.
- Er bringt Ihre Ideen in eine managementgerechte Form.

8.3 Kostenlose Denkanstöße

Ihre Kundenprozesse sind die Wege zu Ihren Geldgebern - Ihren Kunden. Nutzen Sie deshalb jede Gelegenheit um Ihre Kundenprozesse zu verbessern!

Jede Verbesserung Ihrer Kundenprozesse sorgt für:

- **mehr Interessenten:** Machen Sie mehr Interessenten auf Ihr Angebot aufmerksam. So gewinnen Sie weitere potentielle Kunden für Ihre Produkte bzw. Dienstleistungen.
- **mehr Kunden, mehr Umsatz:** Optimieren Sie Ihre Verkaufsprozesse. So wird ein größerer Anteil Ihrer Interessenten Ihre Produkte bzw. Dienstleistungen kaufen. Ihr Umsatz steigt mit der ansteigenden Kundenzahl.
- **mehr Stammkunden, mehr Gewinn:** Sorgen Sie dafür, dass sich Ihre Kunden bei Ihnen und mit Ihren Produkten wohl fühlen. So bauen Sie langfristige Kundenbeziehungen auf und steigern ganz nebenbei Ihren Gewinn durch verringerte Marketing- und Vertriebskosten.

Gerne unterstütze ich Sie hierbei kostenlos mit kleinen Denkanstößen und Praxis-Tipps per E-Mail.

Besuchen Sie dazu einfach die folgende Webseite, tragen dort Ihre E-Mail-Adresse ein und schon bald liegt der erste kostenlose Denkanstoß in Ihrem Postfach:

www.Ihre-Kundenbrille.de/denkanstoss

8.4 Fußnoten

1) Wenn ich in diesem Buch von Produkten spreche, so sind damit nicht immer physikalische, also greifbare, Produkte gemeint, sondern z.B. auch Dienstleistungen.

2) Zusammenarbeit wird neudeutsch oft auch als Kollaboration bezeichnet. www.duden.de definiert das Wort Kollaboration wie folgt: gegen die Interessen des eigenen Landes gerichtete Zusammenarbeit mit dem Kriegsgegner. Ich verwende deshalb lieber das wertneutrale Wort Zusammenarbeit.

3) https://marketplace.atlassian.com/home/confluence

4) Räume werden in der englischsprachigen Confluence-Version "Spaces" genannt. In der deutschen Übersetzung werden sie als Bereiche bezeichnet. Dies führt aber in Diskussionen häufig zu Verwechslungen mit Seitenbereichen im Layout und Bereichen in einer Organisationsstruktur. In der Praxis hat es sich als vorteilhaft erwiesen, wenn die Spaces als Räume bezeichnet werden. Einerseits verhindert dies in Gesprächen Verwechslungen und andererseits ist das Bild eines offenen oder abgeschlossenen Raums ein ganz gutes Beispiel für einen (Daten-)raum.

5) Der Titelsatz in bestem Beratersprech bedeutet übrigens "Sorgen Sie für eine allgemeine Zustimmung zu den Kennzahlen (Key Performance Indicators), aber schnellstmöglich (As Soon As Possible)."

6) Urbex steht für "urban exploration" und beschäftigt sich damit alte, verfallene Orte und Gebäude zu besichtigen und zu fotografieren.

8.5 Stichwortverzeichnis

8.5 Bildnachweis

Eigene Darstellungen unter Verwendung von Icons, Symbolen und Screenshots:

Umschlag, Seiten 11, 20, 22, 23, 24, 26, 27, 28, 30, 32, 34, 46, 67, 68:
© spiral media / Fotolia.com
Umschlag, Seiten 26, 27, 28, 30, 32, 34, 46:
© mistervectors / Fotolia.com
Umschlag, Seite 87:
© 31moonlight31 / Fotolia.com
Umschlag:
© miloje / Fotolia.com
Seiten 11, 71, 79, 82, 90, 95:
© sester1848 / Fotolia.com
Seiten 14, 16, 17, 67, 68:
© Do Ra / Fotolia.com
Seite 32:
© mrswilkins / Fotolia.com
Seiten 60, 61, 65, 69, 73, 77, 78, 83, 85, 86, 87, 93, 95:
© Atlassian Confluence®